技术创新与发展丛书
TECHNOLOGY INNOVATION AND DEVELOPMENT SERIES

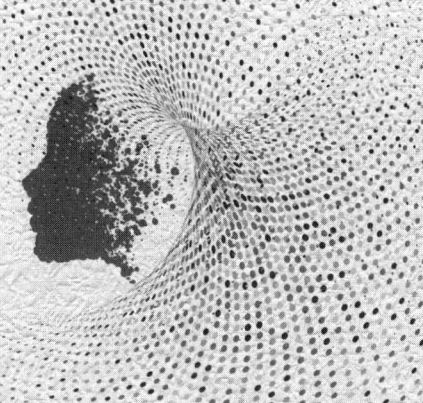

李凡 著

金砖国家
技术创新政策比较研究

Comparative Research of Innovation Policies Among BRICS

技术创新政策 / 金砖国家 / 制度安排 / 政策定量化

基金项目：
- 本书是国家社科基金项目（12CGL015）的结项成果；
  本书的出版受到了北京第二外国语学院科技计划种子项目的资助。

经济管理出版社
ECONOMY & MANAGEMENT PUBLISHING HOUSE

图书在版编目（CIP）数据

金砖国家技术创新政策比较研究/李凡著 . —北京：经济管理出版社，2018.7
ISBN 978－7－5096－5856－7

Ⅰ.①金… Ⅱ.①李… Ⅲ.①技术革新—科技政策—对比研究—世界 Ⅳ.①F204

中国版本图书馆 CIP 数据核字（2018）第141046号

组稿编辑：王光艳
责任编辑：王光艳　李红贤
责任印制：黄章平
责任校对：董杉珊

出版发行：经济管理出版社
　　　　　（北京市海淀区北蜂窝8号中雅大厦A座11层　100038）
网　　址：www.E-mp.com.cn
电　　话：（010）51915602
印　　刷：北京玺诚印务有限公司
经　　销：新华书店
开　　本：710mm×1000mm/16
印　　张：12
字　　数：196千字
版　　次：2018年8月第1版　2018年8月第1次印刷
书　　号：ISBN 978－7－5096－5856－7
定　　价：58.00元

·版权所有　翻印必究·
凡购本社图书，如有印装错误，由本社读者服务部负责调换。
联系地址：北京阜外月坛北小街2号
电话：（010）68022974　邮编：100836

前　言

技术创新是经济发展的重要推手。开放经济下，发达国家为了遏制发展中国家经济快速发展的势头，在技术贸易壁垒高筑的同时开始借鉴中国等发展中国家技术创新政策的经验。这些已然和正在发生的深刻变化，倒逼中国必须通过主动构建、科学设计技术创新政策的制度体系才能实现未来的可持续发展。由于发达国家和发展中国家技术创新政策设计的背景因素存在本质上的不同，技术创新政策设计中重点针对的问题也有所差异，因此我国借鉴发达国家的政策制定经验在现实中并不可行，中国需要选择与其他发展中国家的技术创新政策进行比较。

金砖国家未来可持续发展必须依靠技术创新政策的制度安排。金砖国家均把技术创新作为国家核心战略之一，但技术创新对经济增长的贡献率较低。金融危机让人们意识到，市场本身的力量不足以引导经济长期稳定的增长，积极有效的公共政策不可或缺，金砖国家迫切需要通过技术创新政策的扶持建立新的动态比较优势。但是，有关发展中国家的技术创新政策科学设计的讨论还是一个比较新的现象，没有特别多的经验可以追溯。与此同时，发展中国家的制度框架往往比较脆弱，如果不系统地制定和颁布政策，政策效果将会大打折扣。因此，借鉴其他金砖国家技术创新政策经验，科学构建我国未来技术创新政策体系，探索发展中国家技术赶超之路，是我国建设创新型国家、实现创造大国的战略抉择，也是新时期我国转变经济发展方式的客观要求和核心任务。

综观整个研究，项目组综合已有文献，根据金砖国家技术创新政策的特点选取25个政策变量对金砖国家683条技术创新政策进行描述性统计，综合运用聚类分析和因子分析方法提出并验证金砖国家技术创新政策目标、工具和执行的三维比较研究框架，利用该框架可以实现对金砖国家政策设计的全面比较，即从空间上横向对金砖国家已有的技术创新政策布局进行比较，以及利用二元 Logistic 回归方法沿时间轴纵向比较金砖国家不同时间段和全阶段的技术创新政策差异。这对于科学计量技术创新政策、探寻金砖国家技术创新政策演进的规律和差异、科学构建我国未来技术创新政策体系具有重大的理论和现实意义。

在对金砖国家技术创新政策进行全方位比较的过程中，主要进行了以下工作：

第一，建立金砖国家技术创新政策比较研究数据库。金砖国家的技术创新政策主要通过各国多个部门的官方网站，与金砖国家相关的书籍、报刊、论文、统计报告、新闻报道和公开采访等。项目组全体成员耗时1年半，共搜集了金砖国家颁布于1990~2014年与技术创新相关的政策文本683条，建立了金砖国家技术创新政策数据库，其中包括：中国347条，俄罗斯85条，印度95条，巴西83条，南非73条。

第二，科学描述金砖国家技术创新政策。详细梳理了金砖国家技术创新活动的现状以及金砖国家技术创新政策颁布的基本情况后，项目组从支持创新活动类型、支持形式、完善技术创新制度环境手段、满足创新产品需求手段、政策颁布机构以及政策出台形式6个角度共选取25个政策变量，将其全部采用虚拟变量的形式，科学描述金砖国家技术创新政策，勾画了金砖国家技术创新政策全景。

第三，构建金砖国家技术创新政策比较研究框架并验证其稳健性。应用聚类分析和因子分析，从25个政策变量中提取了22个政策变量构建了金砖国家技术创新政策"政策目标—政策工具—政策执行"三维比较研究框架，通过Cronbach's α检验验证了该框架的稳健性。确立的金砖国家技术创新政策比较研究框架中，目标维度分为"任务导向型"和"扩散导向型"，工具维度分为"供给导向型""环境导向型"和"需求导向型"，执行维度分为"中央机构"和"部委机构"。初步运用此三维框架对金砖国家683条技术创新政策进行统计分析，比较金砖国家技术创新政策的横向布局差异。

第四，初步统计金砖国家技术创新政策横向布局差异。中国和巴西的技术创新政策主要以增加知识为主的任务导向型目标为主，而俄罗斯和印度则以传播知识为主的扩散导向型目标为主，其中印度和南非的技术创新政策产业导向最为明显。金砖国家供给导向型政策工具和环境导向型政策工具使用比例较高，而需求导向型政策工具使用比例较低。金砖国家"中央"和"部委"机构所颁布的政策占比存在差异。

第五，建立考虑政策效力的金砖国家技术创新政策数据库。综合考虑金砖国家的技术创新根政策，将金砖国家1990~2014年的技术创新政策划分为四个阶段——第一阶段（1990~1999年）、第二阶段（2000~2005年）、第三阶段（2006~2009年）和第四阶段（2010~2014年）。在考虑政策时间效力的情况下，将原始683条金砖国家技术创新政策重新赋值，新建考虑政策效力的金砖国家技术创新政策数据库（3625条）。应用二元Logistic回归方法比较金砖国家技术创新政策在各个分阶段和全阶段的时间演进差异。

第六，深入挖掘金砖国家技术创新政策时间演进差异。政策目标。南非从第三阶段开始逐渐重视技术出口目标的引导；俄罗斯在各阶段及全阶段均比中国更注重消化吸收目标的引导；印度从第二阶段开始非常强调对消化吸收政策目标的鼓励，占比显著多于中国。政策工具。供给导向型工具中，中国在第四阶段逐渐加大对中小（微）型企业的技术支持力度，巴西从第四阶段起增加使用财政支持工具，印度从第四阶段开始逐渐增加基础设施工具；环境导向型工具中，南非在全阶段和各个分阶段中均最强调通过使用知识产权保护工具改善技术创新环境；需求导向型工具中，俄罗斯在各阶段均比中国显著使用政府采购工具和国际合作工具，中国从第四阶段开始加大了政府采购工具的使用力度。政策执行。中国的政策更多地由四级机构颁布，而俄罗斯由一级机构颁布的政策数量高于中国；中国的政策多以"办法""通知"的形式出现，而巴西、俄罗斯、印度和南非的技术创新政策以"法律"形式出现的比例显著高于中国。

基于以上研究内容与结论，本书从政策目标、政策工具和政策执行三个维度提出了科学构建中国技术创新政策体系的建议：打造任务导向型政策目标的中国特色竞争范式，追求知识横向水平扩散；统筹设计供给导向型政策工具，合理布局环境导向型政策工具，大力推进需求导向型政策工具；加强技术创新政策执行的持续性，保障技术创新政策的执行效力。

目 录

第一章 引 言 ... 1

第一节 问题的提出 ... 1

第二节 研究思路与研究框架 ... 4

第三节 主要研究工作与成果创新点 ... 7

    一、主要研究工作 ... 7

    二、成果创新点 ... 10

第二章 文献综述 ... 13

第一节 概念界定 ... 13

    一、科学政策 ... 13

    二、科技政策 ... 14

    三、技术政策 ... 15

    四、技术创新政策 ... 16

第二节 技术创新政策设计 ... 18

    一、技术创新政策设计框架 ... 19

    二、技术创新政策框架构建的影响因素 ... 24

第三节 技术创新政策的国际比较 ... 28

    一、技术创新政策国际案例比较研究 ... 28

二、技术创新政策定量国际比较 …………………………………… 30

第四节 中国技术创新政策科学研究 ………………………………… 31

第五节 金砖国家相关主题研究 ……………………………………… 34

  一、经济发展研究 …………………………………………… 34

  二、国际直接投资研究 ……………………………………… 36

  三、国际贸易研究 …………………………………………… 37

  四、技术创新能力研究 ……………………………………… 38

第六节 总　结 ………………………………………………………… 39

第三章　金砖国家技术创新能力比较 …………………………… 41

第一节 国家技术创新能力测度方法与评价研究 …………………… 41

  一、国家创新能力测度方法 ………………………………… 42

  二、国家创新能力评价研究 ………………………………… 42

第二节 金砖国家技术创新能力比较 ………………………………… 45

  一、金砖国家技术创新能力测度指标选取 ………………… 45

  二、金砖国家技术创新能力比较 …………………………… 46

第三节 总　结 ………………………………………………………… 55

第四章　金砖国家技术创新政策概览 …………………………… 57

第一节 政策颁布机构 ………………………………………………… 57

  一、中国 ……………………………………………………… 57

  二、俄罗斯 …………………………………………………… 61

  三、印度 ……………………………………………………… 64

  四、巴西 ……………………………………………………… 67

  五、南非 ……………………………………………………… 70

第二节 政策概览 ……………………………………………………… 72

  一、中国 ……………………………………………………… 72

  二、俄罗斯 ··· 77
  三、印度 ··· 80
  四、巴西 ··· 82
  五、南非 ··· 85
 第三节 总 结 ·· 87

第五章 金砖国家技术创新政策比较研究框架的构建 ·············· 89

 第一节 数据库构建及描述 ·· 89
  一、金砖国家技术创新政策数据库 ····························· 89
  二、金砖国家技术创新政策变量说明 ··························· 93
 第二节 构建金砖国家技术创新政策比较研究框架 ·················· 95
  一、金砖国家技术创新政策分类 ······························· 95
  二、金砖国家技术创新政策因子分析 ··························· 97
  三、金砖国家技术创新政策比较研究框架构建 ················· 103
 第三节 三维框架下金砖国家技术创新政策布局比较 ··············· 104
  一、政策目标比较 ·· 105
  二、政策工具比较 ·· 106
  三、政策执行比较 ·· 108
 第四节 总 结 ··· 109

第六章 金砖国家技术创新政策演进研究 ························· 110

 第一节 考虑政策效力的金砖国家政策数据库构建 ··············· 110
  一、考虑时间效力的数据库调整 ······························ 110
  二、时间段划分 ·· 111
  三、政策描述 ·· 112
 第二节 政策时间演进比较研究设计 ································ 117
  一、政策测度与赋值 ·· 117
  二、政策比较 ·· 120

第三节 中俄技术创新政策演进研究 …… 124
一、第一阶段：1990～1999 年 …… 125
二、第二阶段：2000～2005 年 …… 127
三、第三阶段：2006～2009 年 …… 128
四、第四阶段：2010～2014 年 …… 129
五、小结 …… 130

第四节 中印技术创新政策演进研究 …… 131
一、第一阶段：1990～1999 年 …… 132
二、第二阶段：2000～2005 年 …… 134
三、第三阶段：2006～2009 年 …… 135
四、第四阶段：2010～2014 年 …… 136
五、小结 …… 137

第五节 中巴技术创新政策演进比较研究 …… 138
一、第一阶段：1990～1999 年 …… 139
二、第二阶段：2000～2005 年 …… 141
三、第三阶段：2006～2009 年 …… 142
四、第四阶段：2010～2014 年 …… 143
五、小结 …… 144

第六节 中南技术创新政策演进研究 …… 145
一、第一阶段：1990～1999 年 …… 146
二、第二阶段：2000～2005 年 …… 148
三、第三阶段：2006～2009 年 …… 149
四、第四阶段：2010～2014 年 …… 150
五、小结 …… 151

第七节 总 结 …… 152
一、技术创新政策目标维度 …… 152
二、技术创新政策工具维度 …… 154
三、技术创新政策执行维度 …… 155

第七章 中国技术创新政策体系构建建议及未来研究展望 …………… 156

第一节 政策建议 ………………………………………… 156
一、政策目标 …………………………………………… 156
二、政策工具 …………………………………………… 159
三、政策执行 …………………………………………… 163

第二节 未来研究展望 ……………………………………… 164

参考文献 ……………………………………………………… 166

第一章
引　言

第一节　问题的提出

当今和未来时期，技术创新是经济发展的重要推手。开放经济下，发达国家为了遏制发展中国家经济快速发展的势头，在高筑技术贸易壁垒的同时开始借鉴中国等发展中国家技术创新政策的经验。这些已然和正在发生的深刻变化，倒逼中国必须主动构建、科学设计技术创新政策的制度体系才能实现未来的可持续发展。

虽然借鉴发达国家技术创新政策制定的经验来设计我国的技术创新政策在理论上可行，但这在现实中受制于以下几个方面：首先，发达国家技术创新政策设计需要考虑其特有的背景，这些背景因素与发展中国家存在本质上的不同（Klochikhin, 2012）[①]；不同的技术和制度环境即使面对类似的激励措施时也会有不同的反应，这就使复制政策变得无效（Callon 等, 1991a, 1991b; Kooiman,

---

[①] Klochikhin E A. Russias innovation policy: Stubborn path – dependencies and new approaches [J]. Research Policy, 2012, 41 (9): 1620 – 1630.

1993；Najmabadi 和 Lall，1995；Goldman 等，1997）①②③④⑤。其次，我国等发展中国家由于资源短缺，在技术创新政策设计中必须要重点针对仅存在于发展中国家的问题，或者虽然在发达国家有解决方案，但相关方案不适用于发展中国家的问题。综上所述，选择与其他发展中国家的技术创新政策进行比较，对未来科学构建我国的技术创新政策体系具有重大的理论和现实意义。

金砖国家（巴西、俄罗斯、印度、中国和南非，BRICS）均把技术创新作为国家核心战略之一。在 2014 年 3 月首届金砖国家科技和创新部长级会议上，五国部长均表示，金砖国家将大力加强未来的科技合作，在科技创新战略和政策方面加强交流，未来各国技术创新势必会在交融中从更高的起点发展。

金砖国家的经济增长较为迅速，但技术创新对经济增长的贡献率较低。进入21 世纪以来，金砖国家 GDP 平均增长速度超过 5.5%，远高于发达国家 2.2% 的水平⑥，在全球经济格局中占据越来越重要的位置。然而，金砖国家科技进步贡献率仅为 30%，与美国等发达国家 80% 的水平存在一定差距⑦。2014 年 7 月，世界知识产权组织发布了《2014 年全球创新指数报告》，以 81 个创新指标对世界 143 个经济体的技术创新能力进行了综合排名，金砖国家中创新指数排名最高的中国也仅排在第 29 位。

金砖国家未来可持续发展必须依靠技术创新政策的制度安排。金融危机让人们意识到，市场本身的力量不足以引导经济长期稳定的增长，积极有效的公共政

---

① Callon M, Courtial J P, Crance P, et al. Tools for the evaluation of technological programmes: An account of work done at the centre for the sociology of innovation [J]. Technology Analysis and Strategic Management, 1991a, 3 (1): 3 - 41.

② Callon M, Laredo P, Rabeharisoa V. Des instruments pour la gestionet l'évaluation des programmes technologiques: le cas de L'AFME [A]. In: De Bandt, J. (Ed.), L'Évaluation Économique de la Recherche et du Changement Technique [C]. Editions du CNRS, Paris, 1991b.

③ Kooiman J. Modern Governance, New Government – Society Interactions [M]. Sage, London, 1993.

④ Najmabadi F, Lall S. Developing Industrial Technology, Lessons for Policy and Practice [R]. A World Bank Operations Evaluation Study, 1995.

⑤ Goldman M, Ergas H, Ralph E, et al. Technology Institutionsand Policies, Their Role in Developing Technological Capability in Industry [R]. World Bank Technical Paper, 1997.

⑥ 资料来源：根据世界银行数据库数据计算所得。

⑦ 周运兰，曾浩. 我国科技进步的产权制度约束与路径选择 [J]. 财经问题研究，2011 (7)：32 - 36.

策不可或缺（Stiglitz，2012）①，金砖国家迫切需要通过技术创新政策的扶持建立新的动态比较优势。但是，有关发展中国家技术创新政策的科学设计的讨论还是一个比较新的现象（Karo 和 Kattel，2011）②，没有特别多的经验可以借鉴。与此同时，发展中国家的制度框架往往比较脆弱，如果不系统地制定和颁布政策，政策效果将会大打折扣（Arnold，2004；Biegelbauer 和 Borrás，2003；Guy 和 Nauwelaers，2003）③④⑤。因此，借鉴其他金砖国家的技术创新政策经验，科学构建我国未来技术创新政策体系，探索发展中国家技术赶超之路，是我国建设创新型国家、实现创造大国的战略抉择，也是新时期我国转变经济发展方式的客观要求和核心任务。

科学合理的技术创新政策设计可以引导技术创新的良性发展。政策设计工作并非只是流于表面的工作，而是与工业产品生产、企业管理流程和服务一样是经济发展的核心环节，其重要程度甚至已经超过了政府一直关注的 R&D 投入（Tether，2005；Woodham，2010）⑥⑦。政策设计和政策目标间的合理结合被认为是成功的关键（McGowan 等，2004）⑧。但现实中，政策制定者在信息不对称、有限理性以及其他制约情况下难以实现完美的政策设计。因此，用科学的方法对已有的政策进行分析，对未来技术创新政策的构建具有重大理论意义。

技术创新政策的定量分析和比较已日益成为欧洲委员会考虑的首要问题

---

① Stiglitz J. The Price of Inequality: How Today's Divided Society Endangers Our Future [M]. New York: W. W. Norton & Company, 2012.

② Karo E, Kattel R. Should open innovation change innovation policy thinking in catching-up economies considerations for policy analyses [J]. Innovation: The European Journal of Social Science Research, 2011, 24 (1-2): 173-198.

③ Arnold E. Evaluating research and innovation policy: A systems world needs systems evaluation [J]. Science and Public Policy, 2004, 13 (1): 3-17.

④ Biegelbauer P S, Borrás S. Innovation Policies in Europe and the US: The New Agenda [M]. Great Britain: Ashgate, 2003.

⑤ Guy K, Nauwelaers C. Benchmarking STI Policies in Europe: In Search of A Good Practice [R]. IPTS Report, 2003.

⑥ Tether B. The role of design in business performance [A]. In: ESRC Center for Research on Innovation and Competition (CRIC) [D]. University of Manchester, 2005.

⑦ Woodham J M. Formulating national design policies in the United States: Recycling the Emperor's New Clothes [J]. Design Issues, 2010, 26 (2): 2, 7-46.

⑧ McGowan F, Radosevic S, Von Tunzelman N. The Emerging Industrial Structure of the Wider Europe [M]. Routledge, 2004.

(Freitas 和 Von Tunzelmann，2008)①，但由于数据获取困难等多方面原因，我国技术创新政策的国际比较研究有限（OECD，2008）②。虽然金砖国家技术创新政策的比较研究的理论和现实意义都很明显，但究竟选择什么样的标准比较这些政策、政策比较的方法如何才能做到较为科学、过去若干年间金砖国家技术创新政策在演进中经历了哪些变化、中国未来的技术创新政策构建能从其他金砖国家借鉴哪些经验等问题还有待进一步研究。

本研究综合已有文献，根据金砖国家技术创新政策的特点，选取25个政策变量对金砖国家683条技术创新政策进行描述性统计，综合运用聚类分析和因子分析方法，提出并验证金砖国家技术创新政策目标、工具和执行的三维比较研究框架，利用该框架可以实现对金砖国家政策设计的全方位比较，即从空间上横向比较金砖国家已有的技术创新政策布局，再利用二元Logistic回归方法沿时间轴纵向比较金砖国家不同时间段和全阶段的技术创新政策差异。这对科学计量技术创新政策、探寻金砖国家技术创新政策演进的规律和差异、科学构建我国未来技术创新政策体系具有重大的理论和现实意义。

第二节　研究思路与研究框架

本书遵循"背景分析—文献研究—理论分析框架构建和检验—数据统计分析—比较研究—政策建议"的思路：首先，从文献研究和背景分析定位研究的主要问题；其次，基于文献研究和背景分析，深入相关部门调研，构建并检验金砖国家技术创新政策的比较研究框架；再次，统计金砖国家技术创新政策，从横向的政策布局和纵向的时间演进等方面开展全方位的政策比较研究；最后，从宏观、中观和微观三个层面提出我国技术创新政策体系构建的建议。

具体说来，全书由七章内容构成：

---

① Freitas B M I, Von Tunzelmann N. Mapping public support for innovation：A comparison of policy alignment in the UK and France [J]. Research Policy, 2008, 37 (9)：1446 – 1464.

② OECD. OECD Reviews of Innovation Policy China [M]. France：OECD Publishing，2008.

第一章为引言。从总体上论述了研究的背景、选题的意义、研究思路和研究创新点。

第二章为文献综述。从技术创新政策概念界定、技术创新政策设计、技术创新政策的国际比较、中国技术创新政策科学研究和金砖国家相关主题研究五个方面对技术创新政策相关的理论文献进行了梳理。

第三章为金砖国家技术创新能力比较。从国际数据库中搜集大量金砖国家的数据,并从国家创新投入、创新产出、创新环境三个方面比较了金砖国家的技术创新能力,并总结了金砖国家在这些方面的差异。

第四章为金砖国家技术创新政策概览。包括金砖国家技术创新政策颁布机构和政策搜集情况概览两部分。

第五章为金砖国家技术创新政策比较研究框架的构建。这是全文的理论核心部分。通过搜集金砖国家1990~2014年683条技术创新政策,构建了金砖国家技术创新政策数据库,从政策颁布机构、支持形式、完善技术创新制度环境手段、满足创新产品需求手段、支持创新活动类型以及政策出台形式六个角度选取25个变量描述技术创新政策,综合运用聚类分析和因子分析方法,构建并验证金砖国家技术创新政策"政策目标—政策工具—政策执行"的三维比较研究框架,并据此对金砖国家技术创新政策布局进行比较。

第六章为金砖国家技术创新政策演进研究。这是全文开展金砖国家比较研究最为详细的部分。此研究将金砖国家技术创新政策颁布时间划分为四个阶段——第一阶段(1990~1999年)、第二阶段(2000~2005年)、第三阶段(2006~2009年)和第四阶段(2010~2014年),运用二元Logistic分析方法比较了金砖国家技术创新政策在各分阶段及全阶段的演进差异,并从金砖国家技术创新政策演进历程的比较中深入挖掘了金砖国家技术创新政策演进的差异。

第七章为中国技术创新政策体系构建建议及未来研究展望。在总结分析的基础上,笔者充分借鉴了其他国家的经验,沿着政策目标、政策工具和政策执行三个维度,从宏观、中观和微观三个层面提出了促进我国未来技术创新可持续发展的建议。

全书研究框架如图1-1所示。

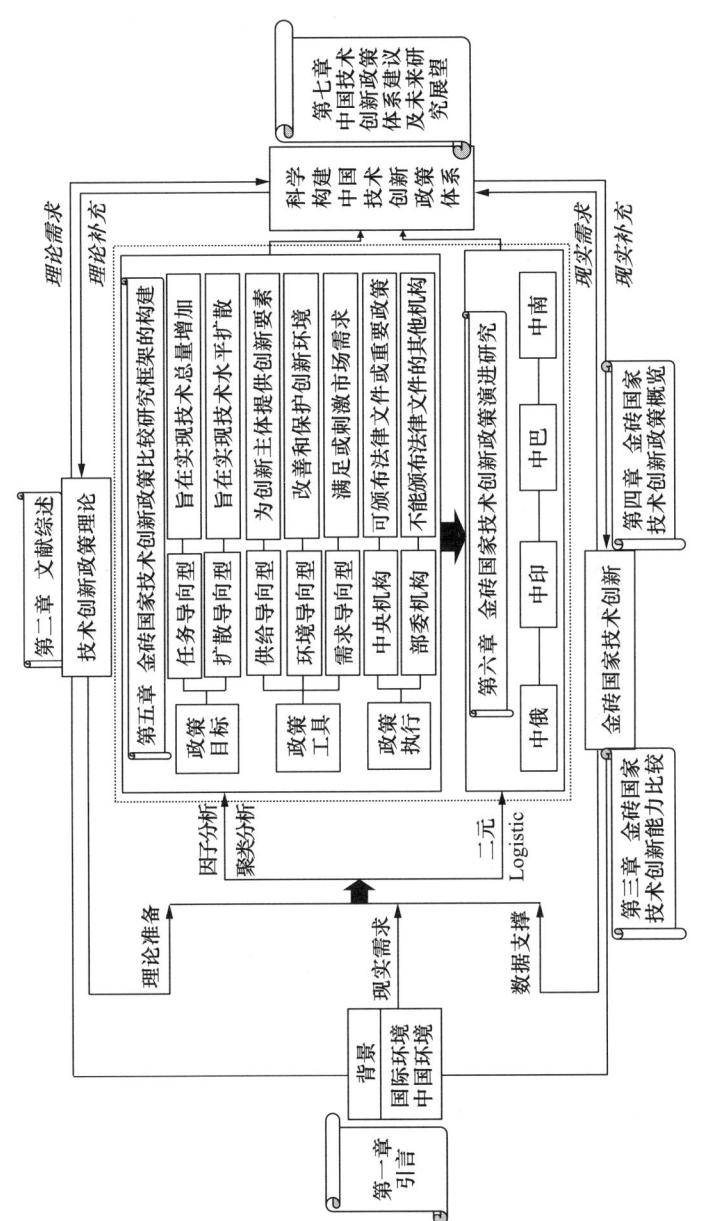

图1-1 研究框架

资料来源：作者自制。

第三节 主要研究工作与成果创新点

一、主要研究工作

项目组成员围绕着"金砖国家技术创新政策比较研究"的话题，基于国内外相关学术文献的研究现状，依照该项目设计方案的需要展开研究工作。本项目组成员所做的主要研究工作总结归纳如下。

（一）文献搜集工作

项目组成员主要通过"Web of Science""Science Direct""EBSCOhost""Emerald""JSTOR""CNKI"等多个具有重要影响力的国内外数据库，并综合利用中国国家图书馆的档案库，以"金砖国家""创新""政策""科技""技术""政策比较"等词语，以及各个词语或短语之间的不同组合为关键词，广泛搜集与本课题相关的中外文献、书籍和报告。

（二）政策文本搜集工作

金砖国家的技术创新政策主要通过各国多个部门的官方网站搜集获得，此外，项目组成员也查阅了与金砖国家相关的书籍、报刊、论文、统计报告、新闻报道和公开采访等。项目组全体成员耗时1年半，共搜集了金砖国家颁布于1990~2014年与技术创新相关的政策文本683条，建立了金砖国家技术创新政策数据库，其中包括：①中国政策347条，政策来源于全国人大常委会、国务院、科技部、商务部、财政部、教育部等49个部门；②俄罗斯政策85条，政策来源于俄罗斯联邦政府、教育和科学部、能源部、经济发展部、信息技术和通信部等15个部门；③印度政策95条，政策来源于印度议会、委员会、科技部、财政部、商业与工业部、通信与信息技术部等15个部门；④巴西政策83条，政策来源于巴西议会、巴西联邦政府、科技创新部、发展工业和外贸部、矿业和能源部、教育部等18个部门；⑤南非政策73条，政策来源于总统府、科技部、财政部、贸易工业部、能源部、矿产能源部和人文艺术科技部7个部门。

（三）政策文本整理工作

项目组对政策文本的整理工作主要包括对政策文本的翻译和阅读、按时间顺序梳理政策结构两个方面。

1. 文本翻译与阅读

在所搜集的金砖国家技术创新政策中，中国的政策文本语言为中文，印度和南非的政策文本语言为英语。但是，俄罗斯的政策文本语言为俄语，巴西的政策文本语言为葡萄牙语，均为项目组不熟悉的小语种，给政策理解带来一定的困难。为此，项目组成员耗时6个月，采取三种方法予以解决：首先，向北京高校俄语和葡萄牙语语言专家、教授共11名进行咨询和学习；其次，综合运用"Google 翻译""Google Chrome"浏览器当中的页面翻译功能、"有道词典"等各类翻译系统与文本分析软件；最后，向国内外技术创新领域的专家学者咨询金砖国家技术创新政策的背景和内涵。

2. 梳理政策结构

项目组按照时间顺序梳理金砖国家技术创新政策，寻找对各个国家技术创新发展具有重要阶段性影响的"根政策"，以及在其指导下对技术创新活动做出具体安排的"干政策"，从而厘清金砖各国技术创新政策的结构脉络。

（四）实证分析工作

在搜集了大量的金砖国家技术创新政策文本，并且对其进行整合梳理之后，研究工作重点转向应用所搜集的政策文本围绕着研究主题进行实证分析。课题组主要沿着三条主线展开实证分析：一是应用数据统计分析和文本分析全面阐述与评价金砖国家当前的技术创新现状，包括技术创新能力、技术创新政策颁布机构、技术创新政策的结构脉络；二是应用聚类分析和因子分析构建并验证金砖国家技术创新政策三维比较框架；三是应用二元 Logistic 回归方法比较金砖国家技术创新时间演进差异。实证分析的主要工作包括。

1. 数据统计分析

使用大量翔实的国内外各种数据库数据，从国家创新投入（R&D 支出占 GDP 比重）、国家创新产出（专利授权量、高技术产品出口额占 GDP 比重）、国家创新环境（贸易开放度、基础设施建设、人力资本、社会制度和管理质量）三个方面全面比较了金砖国家当前的技术创新能力（见第三章）。

2. 文本分析

一方面，描绘金砖国家技术创新政策颁布机构体系的背景、作用与构成；另一方面，按时间梳理各国技术创新政策，汇总和整理各国的根政策与干政策，厘清金砖国家技术创新政策架构（见第四章）。

3. 政策赋值分析

依据政策计量的需要，选取 25 个政策变量，以虚拟变量的形式对 683 条政策文本逐一进行赋值；而后，由于政策具有时间效力，课题组成员又逐一核对政策的有效时间范围，对调整后的 3625 条政策进行赋值（见第五章和第六章）。

4. 聚类分析

为了避免金砖国家不同国情、不同技术创新发展背景和不同政策设计特点给比较框架的构建带来可能的影响，将五国政策编号后，利用聚类分析方法将五个国家分为两组分别进行比较框架的构建工作（见第五章）。

5. 因子分析

分别对两组国家的 25 个政策变量进行因子分析，从任务导向型政策目标、扩散导向型政策目标、供给导向型政策工具、环境导向型政策工具、需求导向型政策工具、中央部门和部委部门 7 个方面进行因子命名，剔除信息支持、技术标准制定和产学研合作 3 个与其他政策变量相关性较低的变量，构建并验证金砖国家技术创新政策三维比较框架（见第五章）。

6. 二元 Logistic 回归分析

考虑政策的时间效力后,调整技术创新政策数据库,科学、定量地比较中国与俄罗斯、中国与印度、中国与巴西、中国与南非在 20 个政策变量下、在全阶段和不同分阶段下的政策演进差异(见第六章)。

(五)学术论文写作工作

基于对文献的分析与述评,进行理论逻辑演绎和归纳,完成全文的写作工作。诸如:总结归纳与该研究主题相关的文献,得到本研究的理论意义(见第二章);从金砖国家的技术创新能力、政策颁布机构和政策架构几个方面讨论金砖国家的技术创新现状(见第三章、第四章);构建、验证和应用金砖国家技术创新政策三维比较框架(见第五章),以中国为参照,比较中国和俄罗斯、中国和印度、中国和巴西、中国和南非的技术创新政策演进差异(见第六章),从政策目标、政策工具和政策执行三个维度提出未来中国构建技术创新政策体系建议等(见第七章)。

二、成果创新点

课题组成员围绕项目主题认真、踏实地进行研究,旨在为相关领域的理论和实践发展贡献绵薄之力。项目的阶段性学术成果得到了学术界和社会的认可。此处奢谈几点本研究可能的创新之处,以供业内专家学者批评指正,对本研究成果以及创新点的所有肯定将是对项目组成员莫大的鼓励。

(一)研究视角的独特性

本研究以公共政策学为理论基础,综合国内外宏观经济形势,从技术创新政策的核心内容出发,以发达国家适用的政策比较研究框架为基础,融入了发展中国家技术创新政策设计的核心要素,系统构建并验证了金砖国家技术创新政策比较研究框架,分别比较了中国与俄罗斯、印度、巴西和南非技术创新政策的发展历程。从金砖国家技术创新政策的多个角度开展比较研究,这种研究视角在公共政策领域是一种创新。

（二）样本搜集的广泛性

2012年9月至2014年1月，项目组全体成员耗时约一年半，综合利用网络资源和中国国家图书馆档案库，通过金砖国家多个部门的官方网站和与金砖国家相关的书籍、报刊、论文等多种渠道搜集了金砖国家总计683条技术创新政策，极大地丰富了技术创新政策相关研究样本的数据库。

（三）定量方法的开创性

第一，科学定量技术创新政策。研究设定25个政策变量为虚拟变量，巧妙地以相同的标准将金砖各国的技术创新政策量化，为后续的比较研究奠定了基础。

第二，构建比较框架。综合运用因子分析和聚类分析方法构建金砖国家技术创新政策比较研究框架，突破性地将统计学的分析方法应用在对技术创新政策的衡量上。

第三，科学检验技术创新政策比较研究框架的稳健性。综合运用因子分析方法与Cronbach's α 检验，为技术创新政策比较研究框架的稳健性提供了科学支撑，提高了金砖国家技术创新政策三维比较框架构建的严谨性。

第四，深入探索政策演进差异。设立国家变量C与时间变量T，并巧妙利用相乘数值构建C·T变量，使用二元Logistic回归方法科学比较中国与其他金砖国家在各个政策变量下、在各个分阶段和全阶段的政策演进差异。

（四）比较研究的科学性

第一，国家分类。金砖国家的国情不尽相同，技术创新发展的背景以及技术创新政策的设计也各具特色，因此笼统地将五国政策变量一同进行因子分析可能会使研究结论说服力不足。考虑到这一点，本研究创造性地采用聚类分析方法将五个国家分为两组分别进行因子分析，提高了三维比较框架构建的科学性，增强了研究结论的说服力。

第二，划分时间阶段。将金砖国家1990～2014年的技术创新政策置于同一数据库进行演进研究不利于清晰地探索各国政策的动态变化差异。本研究综合考虑各国最具代表性的根政策的颁布时间，以此为据将金砖国家技术创新政策颁布时间划分为四个阶段，清晰、准确、科学地呈现了各国政策在全阶段及各个分阶段的演进差异。

（五）研究结论的客观性

研究依据科学的立论资料、严谨的研究方法得到了一些较为客观的研究结论：其一，基于指标数据的丰富性，本研究从创新投入、创新产出和创新环境三个方面选取指标，系统比较金砖国家技术创新能力差异（见第三章）；其二，基于政策文本的广泛性，本研究梳理和总结了1990~2014年金砖各国所有的根政策与干政策，清晰地呈现了金砖国家的技术创新政策结构脉络（见第四章）；其三，基于研究方法的开创性，本研究综合运用聚类分析和因子分析构建并验证了适用于金砖国家的三维政策比较框架（见第五章）；其四，基于研究方法的开创性，本研究不同于以往仅对政策作描述性阶段比较，而是使用二元Logistic回归方法，准确、科学地用数据展示了金砖国家技术创新政策的阶段性差异（见第六章）。

（六）对策建议的系统性

基于构建的三维比较框架，围绕着技术创新政策的时间流动性和空间布局合理性等方面，本书分别从政策目标、政策工具、政策执行三个角度，针对企业的微观层面、产业的中观层面和国家的宏观层面提出了系统和全面的政策建议，为我国未来更科学地构建技术创新政策体系提供智力支持（见第七章）。

第二章
文献综述

本书主要围绕技术创新政策的科学定量、技术创新政策国际比较研究框架的构建以及技术创新政策的国际演进比较等几个方面展开。本章针对书中所涉及的关键词，如技术创新政策的概念界定、技术创新政策的设计、技术创新政策的国际比较、中国技术创新政策科学研究和与金砖国家相关的研究五个方面对现有文献进行综述。

第一节 概念界定

在与技术创新相关的研究中，科学政策、科技政策、技术政策和技术创新政策几个概念经常被提及，但存在一定程度的混用（伍蓓、陈劲和王姗姗，2007）[①]，本节首先剖析这些基本概念的内涵。

一、科学政策

科学政策是旨在通过大学、公共研究中心与R&D实验室来创造科学知识、

[①] 伍蓓，陈劲，王姗姗. 科学、技术、创新政策的涵义界定与比较研究[J]. 创新管理，2007(10)：68-74.

培养科学家以及支持科学家研究工作的政策（Lundvall 和 Borrás，2005）[1]。科学政策的作用对象是科学本身，主要是从事科学技术活动的组织或者个人，包括各种政府科学研究开发机构、大学以及企业（阎莉，2000）[2]，其内容主要涉及国家及各级政府发展科学的规模、科学经费的拨款、科研组织管理、科研成果的推广应用和国际科学交流与合作等（周寄中，1991）[3]。科学政策具有"观念""机制""标准"和"法律"四种职能："观念"是指科学政策的思想宣传职能；"机制"是指科学政策对科学的评价、激励和决策职能；"标准"是指科学政策对科学水平标准和分类标准的制定职能；"法律"是指科学政策对科学活动的规制职能（赵作权，1997）[4]。

不同学者对科学政策有不同的分类。OECD（1994）认为，科学政策除了包括追求科学发展的政策以外，还包括受到科技影响的其他种类的政策，如农业政策、工业政策、国防政策和教育政策等[5]。伍蓓、陈劲和王姗姗（2007）则将科学政策总结和概括为五个类别：国民安全与纯科学、科学经济发展政策、科学服务政策、科学教育政策和科学发展政策[6]。

二、科技政策

科技政策就是国家为了对科技活动的投入、运作、产出、转化各环节进行调控而建立的有计划、有组织地推进知识生产的科技方针和实现科技方针的体系（林慧岳，1999）[7]，是国家技术创新政策的雏形（刘凤朝和孙玉涛，2007）[8]。科

---

① Lundvall B A, Borrás S. Science technology and innovation policy [A]. In: Fagerberg J, et al. (Eds.), The Oxford Handbook of Innovation [C]. New York: Oxford University Press, 2005.
② 阎莉. 日本技术创新政策制定的理论依据及其政策手段选择 [J]. 日本研究, 2000 (4): 24-30.
③ 周寄中. "科学—社会"学：人类两大体系的交叉 [M]. 安徽：中国科学技术出版社, 1991.
④ 赵作权. 可持续发展：理性反思与我国的科学政策选择 [J]. 科技导报, 1997 (8): 18-20.
⑤ OECD. Science, Technology and Innovation Policies, Federation of Russia [R]. Paris, 1994.
⑥ 伍蓓, 陈劲, 王姗姗. 科学、技术、创新政策的涵义界定与比较研究 [J]. 创新管理, 2007 (10): 68-74.
⑦ 林慧岳. 论科技政策的体系结构和决策模式 [J]. 自然辩证法研究, 1999 (10): 24-28.
⑧ 刘凤朝, 孙玉涛. 我国科技政策向创新政策演变的过程、趋势与建议——基于我国 289 项创新政策的实证分析 [J]. 中国软科学, 2007 (5): 34-42.

技政策的内容涉及科技体制改革、科学研究、技术商业化的基础设施建设、知识产权、高等教育、科技成就奖励等（OECD，2011）①，旨在促进科学技术的发展，并利用科学技术为国防、经济增长、社会发展、环境和健康等国家或地区目标服务（樊春良，2005）②，其存在形式包括战略、方针、规划、计划、法律、法令、规定、条例、办法等（罗伟，2007；谭文华，2011）③④。

三、技术政策

技术政策主要用来规划和指导技术的发展方向、目标和任务，是对一个领域的技术发展和经济建设进行宏观管理的重要依据（伍蓓、陈劲和王姗姗，2007）⑤，其作用领域从最初的军事和环境保护（Braun，1994）⑥扩展到一般意义上的企业（Toivanen等，1999）⑦，旨在以企业为中心制定计划，支持企业发展、适应新技术并促使新技术商业化（Mowery，1995）⑧。从广义上讲，技术政策包括工业政策、研究/科学政策、教育政策、竞争政策、贸易政策、结构或区域政策、基础设施政策七种（Meyer – stamer，1997）⑨。樊春良（2005）基于之前学者对技术政策的认识，进一步拓宽了技术政策涵盖的范畴，认为技术政策不仅包括政府对企业发展新技术的直接支持或间接支持，如小企业创新计划，还包括一些在具有良好发展前景的重要产业领域中所施行的国家研发计划，旨在动员公共和私营机构积极投入研发，为新技术的发展与创新提供源源不断的支持和

---

① OECD. OECD 中国创新政策研究报告 [M]. 薛澜，柳卸林译. 北京：科学出版社，2011.
② 樊春良. 全球化时代的科技政策 [M]. 北京：北京理工大学出版社，2005.
③ 罗伟. 科技政策研究初探 [M]. 北京：知识产权出版社，2007.
④ 谭文华. 科技政策与科技管理研究 [M]. 北京：人民出版社，2011.
⑤ 伍蓓，陈劲，王姗姗. 科学、技术、创新政策的涵义界定与比较研究 [J]. 创新管理，2007 (10)：68 – 74.
⑥ Braun E. Promote or regulate: The dilemma of innovation policy [J]. De Gruyter Studies in Organization, 1994，34 (2)：95.
⑦ Toivanen O, Stoneman P, Diederen P. Uncertainty, macroeconomic volatility and investment in new technology [J]. Investment, Growth and Employment: Perspectives for Policy, 1999, 5 (1)：136 – 160.
⑧ Mowery D C, Oxley J E. Inward technology transfer and competitiveness: The role of national innovation systems [J]. Cambridge Journal of Economics, 1995, 19 (1)：67 – 93.
⑨ Meyer – stamer J. New patterns of governance for industrial change: Perspectives for Brazil [J]. The Journal of Development Studies, 1997, 33 (3)：364 – 391.

补充①。

四、技术创新政策

技术创新政策研究从20世纪80年代起受到普遍关注（Mytelka和Smith，2002）②，其概念界定大体上经历了三种不同的认识：技术创新政策是科技政策与产业政策的结合；技术创新政策是科技政策、产业政策和经济政策相互协调的产物；技术创新政策是多种政策的有机结合。

（一）技术创新政策是科技政策与产业政策的结合

Rothwell（1986）在研究中指出，技术创新政策是一个整合的概念，是科技政策和产业政策的结合③。国内最早对技术创新政策的概念进行定义的学者是夏国藩（1993），他延续了Rothwell（1986）对技术创新政策的认识，提出技术创新政策是科技政策与产业政策的结合，是旨在促进技术创新发展而采取的各种直接或间接的政策措施的总和④。

（二）技术创新政策是科技政策、产业政策和经济政策相互协调的产物

技术创新政策与科技政策、产业政策和经济政策联系紧密，是对与能源、教育、人力资源等内容相关的政策的整合，并且科技政策与产业政策中有关推动创新的部分是技术创新政策的核心（罗伟和连燕华，1996）⑤。制定技术创新政策，就是把科技政策与其他政策，主要是与经济政策和产业政策整合起来，对其协调运用（OECD，2011）⑥。

---

① 樊春良. 全球化时代的科技政策 [M]. 北京：北京理工大学出版社，2005.
② Mytelka L K, Smith K. Policy learning and innovation theory: An interactive and co-evolving process [J]. Research Policy, 2002, 31 (8-9): 1467-1479.
③ Rothwell R. Public innovation policy: To have or to have not? [J]. R&D Management, 1986, 16 (1): 25-36.
④ 夏国藩. 技术创新与技术转移 [M]. 北京：北京航空工业出版社，1993.
⑤ 罗伟，连燕华. 技术创新与政府政策 [M]. 北京：人民出版社，1996.
⑥ OECD. OECD中国创新政策研究报告 [M]. 薛澜，柳卸林译. 北京：科学出版社，2011.

(三) 技术创新政策是多种政策的有机结合

技术创新政策不是产业政策、科技政策和经济政策等的简单组合，而是一个相互融合的政策系统（陈劲和王飞绒，2006）①，是国家促进技术创新、规范创新行为而采取的各种直接或间接的政策或措施的总和（连燕华，1998；伍蓓、陈劲和王珊珊，2007）②③，其中涵盖了产业政策、社会政策、研发政策、技术政策、教育政策等（Kuhlmann，2001；Edquist，2001）④⑤。技术创新政策已经从隐含在科技政策、经济政策之中，逐步发展为有特定目标、一定针对性的综合政策体系（柳卸林，2000）⑥，其政策目标不仅包括科技成果转化（王春法，1998）⑦，还包括资助技术扩散、鼓励科学转移、促进中小企业技术创新等（柳卸林，2000）⑧。

综合以上学者观点，本书认为，技术创新政策是指一国政府为了推动技术创新发展而制定的一系列公共政策的总和，是一个相互融合的政策系统，包括科技政策、经济政策、产业政策等多种政策。与技术创新政策相关的概念比较如表2-1所示。

表2-1 技术创新政策相关概念比较

类别	定义	作用对象	内容	目标
科学政策	旨在通过大学、公共研究中心与R&D实验室来创造科学知识、培养科学家以及支持科学家研究工作的政策	从事科学技术活动的组织或者个人，包括各种政府科学研究开发机构、大学以及企业	国家及各级政府发展科学的规模、科学经费的拨款、科研组织管理、科研成果的推广应用和国际科学交流与合作等	创造科学知识、培养科学家

---

① 陈劲，王飞绒. 创新政策：多国比较和发展框架 [M]. 杭州：浙江大学出版社，2005.
② 连燕华. 技术创新政策概论 [J]. 科学管理研究，1998，16 (5)：7-12.
③ 伍蓓，陈劲，王姗姗. 科学、技术、创新政策的涵义界定与比较研究 [J]. 创新管理，2007 (10)：68-74.
④ Kuhlmann S. Future governance of innovation policy in Europe—three scenarios [J]. Research Policy，2001，30 (6)：953-976.
⑤ Edquist C. The Systems of Innovation Approach and Innovation Policy：An Account of the State of the Art [A]. In：DRUID Conference. Under theme F：National Systems of Innovation，Institutions and Public Policies [C]. Aalborg，2001.
⑥ 柳卸林. 21世纪的中国技术创新系统 [M]. 北京：北京大学出版社，2000.
⑦ 王春法. 技术创新政策：理论基础与工具选择——美国和日本的比较研究 [M]. 北京：经济科学出版社，1998.
⑧ 柳卸林. 21世纪的中国技术创新系统 [M]. 北京：北京大学出版社，2000.

续表

类别	定义	作用对象	内容	目标
科技政策	科技政策就是国家为了对科技活动的投入、运作、产出、转化各环节进行调控而建立的有计划、有组织地推进知识生产的科技方针和实现科技方针的体系	科技活动的投入、运作、产出、转化各环节	科技体制改革、科学研究、技术商业化的基础设施建设、知识产权、高等教育、科技成就奖励等	促进科学技术的发展并利用科学技术为国防、经济增长、社会发展、环境和健康等国家或地区目标服务
技术政策	技术政策主要是用来规划和指导技术的发展方向、目标和任务，是对一个领域的技术发展和经济建设进行宏观管理的重要依据	一般意义上的企业、具有良好发展前景的重要产业	工业政策、研究/科学政策、教育政策、竞争政策、贸易政策、结构或区域政策、基础设施政策	以企业为中心制订计划，支持企业发展、适应新技术并促使新技术商业化
技术创新政策	科技政策与产业政策的结合	技术创新活动	科技政策、产业政策	促进技术创新、规范创新行为
	科技政策、产业政策和经济政策相互协调的产物		科技政策、产业政策和经济政策	
	多种政策的有机结合		产业政策、社会政策、研发政策、技术政策、教育政策等	

资料来源：作者根据相关文献整理自制。

第二节 技术创新政策设计

随着经济环境的日益复杂，各国政府意识到技术创新政策的设计和政策目标间能否有效结合是技术创新最终能否取得成功的关键。政策设计工作并非只是流于表面的工作，而是与工业产品生产、企业管理流程和服务一样，是经济发展的核心环节（Tether，2005；Woodham，2010）①②，其重要程度甚至已经超过了原来政府一直关注的R&D的投入。早先的政府实践中，技术创新政策的设计一度受到忽视，现在各国都在试图弥补这一过失，从理论上建构与完善技术创新政策设计体系来有效地指导实践已成为不容忽略的事实。

技术创新政策设计是政府为了避免市场失灵和系统失灵而对技术创新政策各个层面的安排和协调（Swann，2010）③，正在经历着"扩大"（在原有政策基础上，引进新的和更复杂的政策工具）和"深化"（对创新政策的现实性扩展）的过程（Flanagan等，2011）④。一个好的政策设计是各种过程最优组合的表达，总体来说，技术创新政策设计必须包括一些在功能上、资源上以及空间上都有区别的体系（McGowan等，2004）⑤。为此，技术创新政策的设计过程既需要一定的框架指导，也需要识别影响技术创新政策设计框架失灵的各种要素。

一、技术创新政策设计框架

政策设计者需要一定的政策设计框架将政策设计概念化和程式化，其相关理论研究从早期的"政策目标—政策工具"两维框架（Tinbergen，1952；Edquist和Hommen，1999）⑥⑦，逐渐过渡为后来的"政策目标—政策工具—政策执行"

---

① Tether B. The role of design in business performance [A]. In: ESRC center for research on innovation and competition (CRIC) [D]. University of Manchester, 2005.

② Woodham J M. Formulating national design policies in the United States: Recycling the Emperor's New Clothes [J]. Design Issues, 2010, 26 (2): 2, 7–46.

③ Swann G M P. An Economic Rationale for National Design Policy [M]. Innovative Economics Limited, London, 2010.

④ Flanagan K, Uyarra E, Laranja M. Reconceptualising the "Policy Mix" for innovation [J]. Research Policy, 2011, 40 (5): 702–713.

⑤ McGowan F, Radosevic S, Von Tunzelman N. The emerging industrial structure of the wider Europe [M]. Routledge, 2004.

⑥ Tinbergen J. On the Theory of Economic Policy [M]. Amsterdam: N. V. Noord – Hollandsche Uitgevers Maatschappij, 1952.

⑦ Edquist C, Hommen L. Systems of innovation: Theory and policy for the demand side [J]. Technology in Society, 1999, 21 (1): 63–79.

三维框架（Schneider 和 Ingram，1988；Peters，2000；Nill 和 Kemp，2009）[1][2][3]。政策目标、政策工具和政策执行维度的类别划分如表 2-2 所示。

表 2-2　政策目标、政策工具和政策执行维度

	文献	类别						
政策目标	Ergas（1987）	任务导向型			扩散导向型			
	Flanagan 等（2011）	增加企业 R&D 需求	支持 R&D 机构		推进合作	使公共 R&D 满足市场需求	提供知识	
	Edler 等（2013）	增加研发投资	技术增加	技术培训	强化系统创新能力与系统互补性	激发创新需求	构建创新框架	推动创新交流
政策工具	Rothwell 和 Zegveld（1981）	供给导向型			环境导向型		需求导向型	
	Borrás 和 Edquist（2013）	规制工具			经济转移工具		软性工具	
政策执行	Matland（1995）	行政执行		政治执行		实验执行		象征执行
	deLeon 和 deLeon（2002）	执行内涵			执行方式		执行效果	

资料来源：作者根据相关文献整理自制。

（一）政策目标维度

政策目标可以划分为"任务导向型"和"扩散导向型"两种类型（Ergas，1987）[4]。任务导向型的政策旨在促进知识的垂直增加和技术的进步，直接推动技术创新的发展；扩散导向型的政策倾向于通过促进现有知识在水平范围内的传播来增加现有知识的使用。具体而言，政策目标也可以细化为增加企业 R&D 需

---

[1] Schneider A, Ingram H. Systematically pinching ideas: A comparative approach to policy design [J]. Journal of Public Policy, 1988, 8 (12): 61-80.

[2] Peters B G. Policy instruments and public management: Bridging the gaps [J]. Journal of Public Administration Research and Theory, 2000, 10 (1): 35-47.

[3] Nill J, Kemp R. Evolutionary approaches for sustainable innovation policies: From niche to paradigm? [J]. Research Policy, 2009, 38 (4): 668-680.

[4] Ergas H. The importance of technology policy [A]. In: Dasgupta P, Stoneman P (Eds.), Economic Policy and Technological Performance [C]. Cambridge: Cambridge University Press, 1987.

求、支持 R&D 机构、推进合作、促进公共 R&D 满足市场需求和提供知识五种（Flanagan 等，2011）①，或者也可以被分成增加研发投资、技术增加、技术培训、强化系统创新能力与系统互补性、激发创新需求、构建创新框架和推动创新交流七种（De Almeida 和 Guimarães，2013）②。

（二）政策工具维度

Rothwell 和 Zegveld（1981）分析了技术创新政策可能的影响对象和产生影响的路径，将政策工具划分为供给导向型、环境导向型和需求导向型③。这一分类方法在技术创新政策的比较研究中应用最为广泛。截至目前，该方法已被应用于电子、半导体、能源等多个产业领域的创新政策比较研究中（Norberg - Bohm，1999；Loiter 和 Norberg - Bohm，1999；Lai 等，2004；Tuan 和 Ng，2007；Huang 等，2007）④⑤⑥⑦⑧。Rothwell 和 Zegveld（1981）对技术创新政策工具的研究框架如图 2 - 1 所示。

供给导向型政策工具是指政府为企业、高校、科研机构、培训机构、金融服务机构等创新主体提供技术创新所需的人才、资金、技术和信息等，旨在通过扩大技术创新所需要素的供给、改善技术创新相关资源的供给状况，推动产品创新与过程创新。这一类政策工具包括公共企业、科技进步、教育和信息。环境导向型政策工具旨在优化资源配置、调整产业结构，从而改善技术创新活动所处的环

---

① Flanagan K, Uyarra E, Laranja M. Reconceptualising the "Policy mix" for innovation [J]. Research Policy, 2011, 40 (5): 702 - 713.

② De Almeida E C E, Guimarães G A. Brazil's growing production of scientific articles—How are we doing with review articles and other qualitative indicators? [J]. Scientometrics, 2013, 97 (2): 287 - 315.

③ Rothwell R, Zegveld W. Industrial Innovation and Public Policy: Preparing for the 1980s and the 1990s [M]. Frances Printer: London, 1981.

④ Norberg - Bohm V. Stimulating "green" technological innovation: An analysis of alternative policy mechanisms [J]. Policy Sciences, 1999, 32 (1): 13 - 38.

⑤ Loiter J M, Norberg - Bohm V. Technology policy and renewable energy: Public roles in the development of new energy technologies [J]. Energy Policy, 1999, 27 (2): 85 - 97.

⑥ Lai H C, Chang S C, Shyu J Z. The innovation policy priorities in industry evolution: The case of Taiwan's semiconductor industry [J]. International Journal of Foresight and Innovation Policy, 2004, 1 (1/2): 106 - 125.

⑦ Tuan C, Ng L. Evolution of Hong Kong's electronics industry under a passive industrial policy [J]. Managerial and Decision Economics, 2007, 16 (5): 509 - 523.

⑧ Huang C Y, Shyu J Z, Tzeng G H. Reconfiguring the innovation policy portfolios for Taiwan's SIP mall industry [J]. Technovation, 2007, 7 (12): 744 - 765.

境。这一类政策工具包括财政、税收、法律规制和行政。需求导向型政策工具旨在为产业发展创建市场,减少市场的不确定性,并且刺激国内外市场对创新的需求。这一类政策工具包括政府采购、公共服务、商业和海外代理。

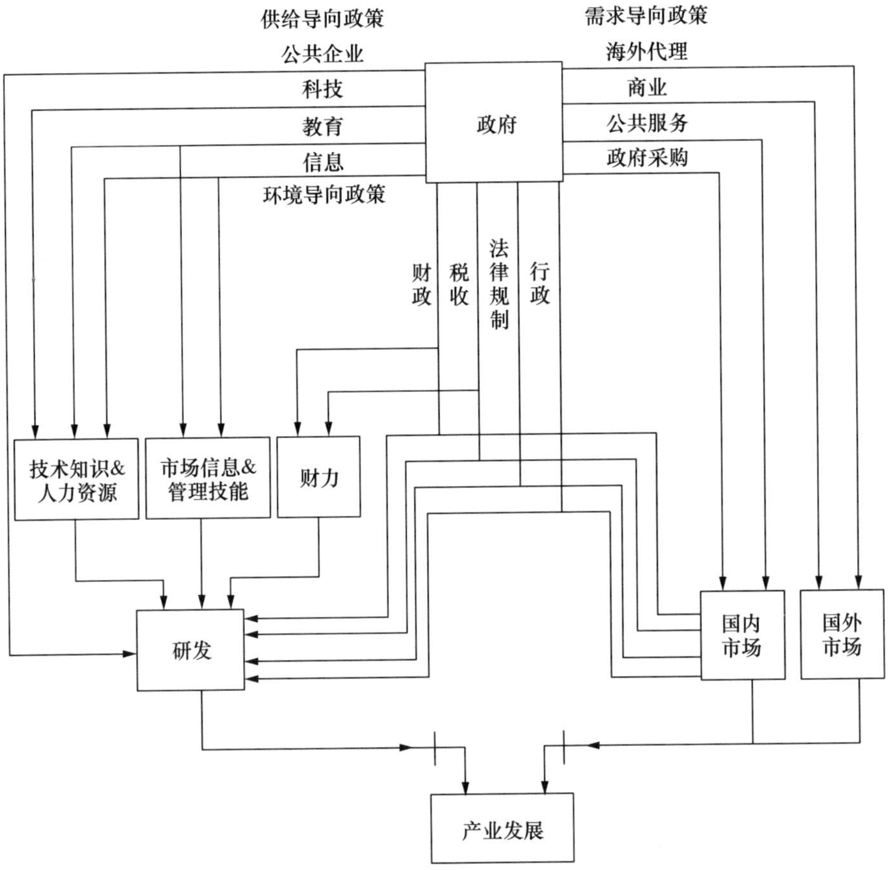

图 2-1 Rothwell 和 Zegveld（1981）技术创新政策工具研究框架

资料来源：Rothwell 和 Zegveld（1981）。

Borrás 和 Edquist（2013）认为，在创新政策工具的选择过程中，要根据创新系统自身的结构特点，选择与具体创新问题相匹配的政策工具①。据此，Borrás

---

① Borrás S, Edquist C. The choice of innovation policy instruments [J]. Technological Forecasting and Social Change, 2013, 8 (80)：1513-1522.

和 Edquist（2013）将创新政策工具划分为规制工具、经济转移工具和软性工具。规制工具与经济转移工具分别是公共政策工具的"大棒"和"胡萝卜"，软性工具是其他两种工具的补充。规制工具是指政府部门通过法律法规对创新活动进行强制性管理，如知识产权保护、研发联盟竞争管理等；经济转移工具是指通过物质奖励鼓励创新，如资金支持、税收减免等；软性工具不具有强制约束性，不存在直接的奖励或制裁，而是通过建议、呼吁、协议等形式规范创新行为，如技术标准制定、合同管理等。

（三）政策执行维度

政策执行是指政府部门有明显的作为或不作为意向，但仍未对外界产生最终影响的过程（Hall 等，2000）①。Matland（1995）基于组织理论构建了一种"冲突—未知"矩阵，在矩阵的四个象限中分别纳入四种政策执行方式：低未知、低冲突的"行政执行"（政策执行效果由资源条件决定），低未知、高冲突的"政治执行"（政策执行效果由权力大小决定），高未知、低冲突的"实验执行"（政策执行过程由背景条件决定），以及高未知、高冲突的"象征执行"（政策执行效果由地方团体结盟程度决定）②。Matland（1995）认为，在政策的执行过程中，应当尽可能地减少其未知性与冲突性。deLeon 和 deLeon（2002）参考了大量与政策执行相关的文献，并将研究内容划分为三个阶段：第一阶段的研究对政策执行进行了概念界定，第二阶段的研究分析了"自上而下"和"自下而上"两种执行方式，第三阶段的研究探讨了执行行为因时间和政策的不同表现出不同的形态。基于对相关研究的梳理，deLeon 和 deLeon（2002）指出，政策执行可以从政策执行内涵、执行方式和执行效果三个角度来进行分析③。

---

① Hall, Thad E, O'Toole, et al. Structures for policy implementation: An analysis of national legislation 1965 – 1966 and 1993 – 1994 [J]. Administration and Society, 2000, 31 (6): 667 – 686.

② Matland E R. Synthesizing the implementation literature: The ambiguity – conflict model of policy implementation [J]. Journal of Public Administration Research and Theory, 1995, 5 (2): 145 – 174.

③ deLeon P, deLeon L. What ever happened to policy implementation? An alternative approach [J]. Journal of Public Administration Research and Theory, 2002, 12 (4): 467 – 492.

二、技术创新政策框架构建的影响因素

在一个不断变化的世界里,技术创新政策的颁布、实施都要受到诸多因素的影响,如果这些影响因素不能得到充分重视,技术创新政策设计体系就会出现失灵。因此,政策制定者需要识别各种失灵要素以不断调整政策。

学者们对失灵要素进行了不同的分类。Carlsson 和 Jacobsson（1997）将失灵分为硬性失灵和软性失灵①；Edquist 等（1998）从另一角度分析了刻意创造的制度和自发形成的制度②；Johnson 和 Gregersen（1994）进一步对正式和非正式制度作了区分③。尽管不同学者对它们的命名不同,但学者们一致认可的是：制度分为硬性制度和软性制度,前者是正式的、书面的,并且是有严格规定的制度,而后者是非正式的、自发形成的,并且是暗含的"游戏规则"（North, 1991）④。两者均可调节经济行为和交互作用,从而可以刺激或者阻碍技术创新。把两者结合起来后,这些制度就可以被定义为是一种选择性环境。硬性制度失灵是指会阻碍创新的正式制度机制,是规章条例等架构的一部分；软性制度失灵则出现在更为宽泛的政治文化环境和社会价值环境中,这使公共政策目标、宏观经济政策环境以及企业行事方式得以形成（Smith, 1999）⑤。大量的学者针对能够引起技术创新政策设计失灵的要素进行了深入研究。

（一）导致失灵的内部因素

内部因素主要包括国家的制度因素和组织内部因素等。国家制度因素通过改

---

① Carlsson B, Jacobsson S. In search of useful public policies: Key lessons and issues for policy maker [A]. In: Carlsson B, (Ed.), Technological Systems and Industrial Dynamics [C]. Kluwer Academic Publishers, Dordrecht, 1997.

② Edquist C, Hommen L, Johnson B, et al. The ISE Policy Statement – The Innovation Policy Implications of the "Innovations Systems and European Integration" [M]. Linköping: Linköping University, 1998.

③ Johnson B, Gregersen B. System of innovation and economic integration [J]. Journal of Industry Studies, 1994, 2 (4): 1 – 18.

④ North D C. Institutions, Institutional Change and Economic Performance [M]. Cambridge: Cambridge University Press, 1991.

⑤ Smith K. Innovation as a systemic phenomenon: Rethinking the role of policy [A]. In: Bryant K, Wells A. (Eds.), A New Economic Paradigm? Innovation – Based Evolutionary Systems, Commonwealth of Australia [C]. Department of Industry, Science and Resources, Science and Technology Policy Branch, Canberra, 1999.

变竞争水平、影响资源分配等间接影响技术创新，组织内部因素则对技术创新具有直接的影响作用。

Woolthuis 等（2005）在回顾了与系统失灵相关的文献的基础上，研究设计了创新体系政策框架。基于对荷兰群体政策的评估，Woolthuis 等（2005）阐述了这种框架针对消费者、企业、知识机构和"第三方"机构这些不同的创新主体在基础设施失灵、法律失灵、规章失灵和价值观失灵等几种失灵情况下的运作。这一框架可以指导政策制定者在创新领域内设计、分析以及评估政策措施①。

Malerba（2007）从消费者和创新产品使用者的需求、企业知识储备的作用、创新和研发合作网络的建立三个角度剖析了企业的成长动态与技术创新能力失灵的关系。Malerba（2007）指出，企业特别是小企业由于能力缺乏而对现有知识吸收不充分，无法满足创新产品使用者的需求、建立创新和研发网络，从而无法运用新技术，导致技术创新能力失灵的出现②。

Barbosa 和 Faria（2011）选取了一套包含创新公司比重、产品市场指数、信誉等的全新的创新指标来解释在产业水平上欧洲国家创新强度的差异，并以此为基础探讨制度差异的相对重要性。研究发现，严格的产品和劳动力市场管制将会极大地损伤企业创新积极性，而较为发达的信用市场将会促进创新；实证结果还对通过加强知识产权保护鼓励创新提出了质疑③。

Zhu（2015）探究了组织文化与技术创新感知力和执行力之间的关系。该研究调查了中国六所高等院校的684名教师，从组织文化的七个维度进行考量：目标导向、参与决策制定、创新导向、结构化领导力、支持性领导力、共同愿景和正式关系。研究发现，组织文化的特征显著影响高校教师对技术创新的感知力和执行力④。

---

① Woolthuis R K, Lankhuizen M, Gilsing V. A system failure framework for innovation policy design [J]. Technovation, 2005, 25 (6): 609 – 619.

② Malerba F. Innovation and the dynamics and evolution of industries: Progress and challenges [J]. International Journal of Industrial Organization, 2007, 25 (4): 675 – 699.

③ Barbosa N, Faria A P. Innovation across Europe: How important are institutional differences? [J]. Research Policy, 2011, 40 (9): 1157 – 1169.

④ Zhu C. Organizational culture and technology – enhanced innovation in higher education [J]. Technology Pedagogy and Education, 2015, 24 (1): 65 – 79.

(二) 导致失灵的外部因素

受国内外的环境影响，不同国家在设计技术框架时，应根据不同的影响因素适时变化，特别需要考虑外部失灵要素：

第一，针对小型国家的研究应考虑外部失灵要素。小型国家在制定技术创新政策时必须根据不断变化的国际经济环境和技术环境以及不断改善的国内经济环境和技术环境作出相应调整。一般来说，在逐步国际化的框架下，许多国家特别是某些小国（如新加坡、爱尔兰和新西兰等人口在 500 万 ~ 2000 万的国家）相关性越来越高（Porter，1990；Ohmae，1995）①②。Hadjimanolis 和 Dickson（2001）以小型国家塞浦路斯为例，提出政府的四项职能——提供必要的基础设施、组织和支持必要的经济和政治进程、提供知识框架、树立国家抱负，均要在技术创新政策中予以体现③。

第二，针对发展中国家技术创新政策的研究应考虑外部失灵要素。推动科学技术发展的技术创新政策最初都是在发达国家得到应用，而后开始在发展中国家逐渐推广。在 20 世纪 90 年代初，随着技术经济范式的转变，发达国家生产过程和外包模块化，发展中国家面临新的挑战，必须重新考虑经济增长和技术发展模式，这也为发展中国家带来了政策制定上的挑战。对发展中国家的创新系统进行深入讨论还是一个比较新的现象，它强调在主导的技术范式下区域间不同程度的技术发展和能力（Karo 和 Kattel，2011）④。由于发展中国家资源短缺，因此在技术创新政策设计中必须要重点针对仅存在于发展中国家的问题，以及虽然在发达国家有解决方案，但相关方案不适用于发展中国家的问题，而深入讨论发展中国家技术创新问题是最近刚刚开始的现象。Amsden 和 Chu（2004）对中国台湾电子产业的技术经济发展提出了一种解释，即在赶超经济下，由于全球化以及更加

---

① Porter M. The Competitive Advantage of Nations [M]. New York：Free Press，1990.
② Ohmae K. The End of the Nation State：The Rise of Regional Economics [M]. New York：Free Press，1995.
③ Hadjimanolis A, Dickson K. Development of national innovation policy in small developing countries：The case of Cyprus [J]. Research Policy，2001，30（5）：805 - 817.
④ Karo E, Kattel R. Should "open innovation" change innovation policy? Thinking in catching - up economies considerations for policy analyses [J]. Innovation：The European Journal of Social Science Research，2011，24（1 - 2）：173 - 198.

开放的创新过程的预期影响,需要情境化的政策响应,即政府基于国家网络视角从战略上控制地方和全球的创新趋势①。Ernst（2009）认为,东欧相对强劲的赶超地区通过高度针对性和选择性的政府政策,设法建立与全球生产和创新网络的可持续连接,激发创新能力,引导全球网络参与者的行动。这主要是因为全球网络是分层次的,而提升层次需要高水平的政策力度在企业层面及整个产业层面对渐增的吸纳能力和创新能力进行投资②。因此,系统赶超的挑战包括至少两个方面的质的变化:①从（较）低的技术能力,向在技术前沿竞争所需要的更高的技术能力接近;②从（较）低的制度能力,向更高的制度（创业和政策）能力前沿接近（Karo 和 Kattel,2011）③。

第三,针对开放经济的研究应考虑外部失灵要素。经济全球化使很多国家的公司被纳入到全球生产和创新网络中,当前的金融危机下,对国际生产体系和创新网络的高依赖性都可能会导致经济的结构性失衡以及国内技术创新政策的失灵,此时技术创新政策的制定需考虑在开放系统和网络框架下各国间重叠交织的主权形式。Ostry 和 Nelson（1995）指出,一旦商业和技术开始跨国界,国家政策在全球条件下就会面对很多失灵要素④。开放经济下,一国技术创新政策的制定和实施是在全球政策网络中,所有区域利益相关者之间进行密集沟通和互动,并最终建立共识的结果,政策制定者在政策网络中只是众多因素之一。因此,政府发挥作用的关键就是从直接干预转向鼓励自主学习和创新,从而刺激、带动、引导、促进各国间对话,以建立社会资本（Nauwelaers 和 Morgan,1999）⑤。

---

① Amsden A, Chu W. Beyond Late Development: Taiwan's Upgrading Policies [M]. Cambridge, MA: MIT Press, 2004.

② Ernst D. A new geography of knowledge in the electronics industry? Asia's role in global innovation networks [J]. Policy Studies, 2009, 54 (4): 1 - 65.

③ Karo E, Kattel R. Should "open innovation" change innovation policy? Thinking in catching - up economies considerations for policy analyses [J]. Innovation: The European Journal of Social Science Research, 2011, 24 (1 - 2): 173 - 198.

④ Ostry S, Nelson R. Techno - nationalism and Techno - globalism: Conflict and cooperation [M]. WA: Brookings Institution, 1995.

⑤ Nauwelaers C, Morgan K. The new wave of innovation oriented regional policies: Retrospect and prospects [A]. In: Morgan K, Nauwelaers C. (Eds.), Regional Innovation Strategies: The Challenge for Less - Favored Regions [C]. London: The Stationery Office and Regional Studies Association, 1999.

第三节　技术创新政策的国际比较

随着技术创新政策设计理论研究的发展，不断有学者对技术创新政策设计进行国际比较研究。

一、技术创新政策国际案例比较研究

Ergas（1987）对美国、英国、法国、俄国、瑞士和瑞典的技术创新政策目标做了比较分析，他认为美国、英国和法国的技术创新政策目标可以定义为任务导向型，德国、瑞士和瑞典的技术创新政策目标可以定义为扩散导向型[1]。

黄灿（2004）使用欧盟创新趋势图表项目中对创新政策的分类体系，从培育创新文化的政策、建立创新政策的框架、研究和创新结合的政策三个方面介绍和比较了欧盟与中国的技术创新政策。比较结果发现，欧盟在技术创新政策上研究和实践起步较早，政策制定和执行的广度与深度都领先于中国；中国的技术创新政策尚没有囊括欧盟国家涉足的所有领域，在知识产权保护、推动知识的传播、激励现有企业内部创新等方面存在不足[2]。

Lepori 等（2007）首先比较了奥地利、意大利、法国、荷兰、挪威和瑞士六个欧洲国家 30 年间公共项目研究资助机制的差异，总结了六国资助研发政策的演进特征。之后，研究通过实证分析验证了文章提出的假设，如"项目资助占公共研究资助的比重持续上升""所使用的政策工具存在从反应模式向政策导向模式的转变"等。研究认为，六国的研究资助政策存在一些共同点，如"项目资助是公共研究资助的第二大资金分配机制""均在生物技术和航天等领域设立大型项目"，但六国在所使用的工具比重、项目资助受益人等方面也存在各自不同

---

[1] Ergas H. The importance of technology policy [A]. In: Dasgupta P, Stoneman P (Eds.), Economic Policy and Technological Performance [C]. Cambridge: Cambridge University Press, 1987.

[2] 黄灿. 欧盟和中国创新政策比较研究 [J]. 科学学研究, 2004, 2 (22): 212-217.

的特点,如奥地利对各受益方资助最为均衡;法国和意大利多资助私有企业;意大利对高校的资助最少,低于15%;挪威多资助科研机构;荷兰私企受到的资助很有限;瑞士有3/4的资金用于资助高等教育机构①。

董娟和陈士俊(2008)比较了中、美两国技术创新政策的制定背景和技术创新战略,包括政策目标、政策举措、投资与政策环境和科研方向。研究发现了中美两国政策的不同特点,美国技术创新政策特点如下:①新科技管理主义与新科技服务主义的结合;②圈定了政策重点领域和环节,并明确政府职能;③高度重视人才培养战略;④调整鼓励企业家成长、鼓励冒风险与创新的社会环境政策。中国技术创新政策特点如下:①政府的科技管理理念仍占主导地位,科技政策的服务意识开始渗透;②体现了人文精神与关怀②。

Liu 和 Jayakar(2012)以中国的网络电视和印度的条件接受系统为典型案例,比较了中印电信产业创新政策制定过程的差异。文章从制度研究视角,使用多元分析框架对两国电信政策制定的正式框架、规则制定程序和利益群体在过去20年的演进进行了分析。两国的相同之处在于政策制定之初均采用了类似的决策模型,且都面临着吸收新利益集团和应对国际压力的问题;不同之处是中国的电信政策因受到宏观层面的影响推进速度与印度相比较为快捷,而印度的政策制定中因利益集团的抱怨更多,因此政策推进是渐进式的③。

Samira 和 Shyama(2012)比较了印度和巴西医药产业创新政策的设计差异。文章使用"国家创新体系"框架解释了印度和巴西从几乎相近的创新能力共同起步,但60年后印度远远领先于巴西的原因:两国政策平台的满意程度、执行时机和执行情况不同,一系列的预料之外的事件和从众效应使两国即使使用相同的理论、执行相似的政策,赶超轨迹也出现了差异④。

Padilla - Pérez 和 Gaudin(2014)以政策工具为核心对中美洲六国(哥斯达黎加、巴拿马、萨尔瓦多、危地马拉、洪都拉斯和尼加拉瓜)的科技创新政策效

---

① Lepori B, Van Den Besselaar P, Dings M, et al. Indicators for comparative analysis of public project funding: Concepts, implementation and evaluation [J]. Research evaluation, 2007, 16 (4): 243 – 255.
② 董娟,陈士俊. 中美新科技创新政策比较 [J]. 科技进步与对策, 2009, 13 (26): 37 – 41.
③ Liu C, Jayakar K. The evolution of telecommunications policy – making: Comparative analysis of China and India [J]. Telecommunications Policy, 2012, 36 (1): 13 – 28.
④ Samira G, Shyama V R. Explaining divergence in catching – up in pharma between India and Brazil using the NSI framework [J]. Research Policy, 2012, 41 (2): 430 – 441.

果进行了比较。该研究向中美洲地区的高级政府官员发放了调查问卷,调查结果显示,中美洲国家政府已经成立了支持科技创新的公共组织,使用了法律、国家计划等多种政策工具,但"R&D 投资占 GDP 比重""每千人科技型毕业生人数""每百万人科学出版物数量"等指标数据表明,中美洲科技创新组织与制度的效果仍不容乐观①。

Darchen 和 Tremblay(2015)选取了澳大利亚墨尔本和加拿大蒙特利尔两个城市为样本,比较了两国电子游戏产业的创新集群政策。该研究采用半定向访谈法对相关的政策制定者和行业开发商进行了访谈,从三个方面展开分析研究:①与其他创新领域交流互动的重要性;②创新集群的好处;③创新政策在催熟创新集群方面的作用。研究结果表明,墨尔本的电子游戏产业创新集群尚不成熟,但已经反映出了一定的创新文化;而蒙特利尔的创新集群从集群成员和活动上来看相对成熟。澳大利亚和加拿大电子游戏产业创新集群政策的催熟效力整体上还很有限②。

二、技术创新政策定量国际比较

Shyu 等(2001)基于 Rothwell 和 Zegveld(1981)的技术创新政策工具框架,对美国、韩国、中国台湾地区和中国大陆的集成电路行业技术创新政策进行了比较。文章的比较重点集中在三个方面:国家对创新政策的偏好、创新政策对产业创新的影响以及产业创新给四个国家或地区带来的竞争优势。通过比较四个国家或地区政策工具的使用效力,文章对中国台湾地区集成电路产业创新发展提出建议:中国台湾地区应设计具体的政策完善研发环境,建立一个完整的信息系统来促进知识累积和扩散,并加强对政府采购政策工具的使用③。

Freitas 和 Von Tunzelmann(2008)基于技术创新政策目标、工具和执行框架

---

① Padilla – Pérez R, Gaudin Y. Science, technology and innovation policies in small and developing economies: The case of Central America [J]. Research Policy, 2014, 43(4): 749 – 759.

② Darchen S, Tremblay D G. Policies for creative clusters: A comparison between the video game industries in Melbourne and Montreal [J]. European Planning Studies, 2015, 23(2): 311 – 331.

③ Shyu J Z, Chiu Y, You C. A cross – national comparative analysis of innovation policy in the integrated circuit industry [J]. Technology in Society, 2001, 23(2): 227 – 240.

比较了英国和法国 1980~2002 年 149 条技术创新政策的颁布特点。文章采用聚类分析法将英法技术创新政策分为意识竞争政策、标签创建政策、政策结构发展政策、中央财政补贴政策、地方支持框架政策、地方服务机构政策和旗舰政策七种，分析发现：20 世纪 90 年代中期前，法国多使用地方支持框架政策和地方服务机构政策，英国更倾向于使用标签创建政策和中央财政补贴政策；90 年代期间，英国比法国更多使用政策结构发展政策和旗舰政策，意识传播政策的使用减少；90 年代中期之后，两国对标签创建政策和地方服务机构政策的使用几乎没有差异，但对地方支持框架政策的使用依然具有不同之处①。

Lin 等（2013）基于 Rothwell 和 Zegveld（1981）的技术创新政策工具框架，比较了中美智能电网产业创新政策工具的使用。中美两国因能源体系存在差异而表现出不同的技术创新政策偏好。两国使用的不同种类的政策工具占比数据表明，中国更多地制定"供给导向型政策"，这样的政策更关注国有企业、科技发展和法律规制；美国更多地制定"环境导向型政策"，这样的政策更关注科技发展、财政、政治和国有企业②。

Quitzow（2015）针对环境技术创新政策工具的国际比较提出了"政策战略"的概念，并以此为基础构建了评估和比较框架。研究结果指出，单独的政策工具无法有效地推动环境技术的发展和扩散，必须合理地使用政策工具组合。该研究以太阳能技术创新政策为例说明了如何使用"政策战略"框架评估不同国家的环境创新政策，为后续的环境技术创新政策国际比较研究奠定了基础③。

第四节　中国技术创新政策科学研究

创新驱动发展战略是中国未来经济转型发展的重要指导，技术创新被摆在了

---

① Freitas B M I, Von Tunzelmann N. Mapping public support for innovation: A comparison of policy alignment in the UK and France [J]. Research Policy, 2008, 37 (9): 1446 - 1464.

② Lin C C, Yang C H, Shyua Z J. A comparison of innovation policy in the smart gird industry across the pacific: China and the USA [J]. Energy Policy, 2013, 57 (6): 119 - 132.

③ Quitzow R. Assessing policy strategies for the promotion of environmental technologies: A review of India's national solar mission [J]. Research Policy, 2015, 44 (1): 233 - 243.

国家发展全局的核心位置，同时以中国为对象的技术创新政策科学研究近年来也备受关注。

陈劲和王飞绒（2005）等分20世纪80年代、1991~1994年和1995~2000年三个阶段梳理了中国1978~2000年重要的技术创新政策，介绍了每个阶段政策的颁布背景，并简要回顾了政府资助、税收优惠、政府采购、风险投资等政策工具的使用情况。20世纪80年代，政府是推进技术进步的主要力量，对技术引进和技术改造较为关注；1991~1994年，中国深化科技体制改革，科技成果转化备受关注，政府逐步进行技术创新相关服务体系建设；1995~2000年，技术创新工程开始实施，企业的技术创新主体地位和独立科研院所的改革方向得到明确①。

刘凤朝和孙玉涛（2007）以创新政策的效力（法律、行政法规、部门规章）和类别（科技政策、产业政策、财政政策、税收政策、金融政策）为基本维度，将中国1980~2005年289条技术创新政策划分为A、B、C三个级别，并据此将每年的政策进行了总量的时间序列统计，探讨了中国技术创新政策历史演变路径。研究发现：中国的技术创新政策从"科技政策"转向与"经济政策"协同发展，从"政府导向"转向与"市场调节"协同发展，从单项政策转向政策组合②。

彭纪生等（2008）将政策力度、政策目标和政策措施分别划分为五个级别，据此对中国1978~2006年422条技术创新政策进行1~5分评分，基于回归分析描绘了中国技术创新政策协同演变的路径以及对经济绩效的影响，主要结论如下：①中国颁布政策和政策协同的核心机构是掌管关键经济和行政资源的部门；②中国逐渐由使用单一的政策工具转向综合利用多种政策措施；③创新政策协同对经济绩效的影响存在显著方向性差异，并不是协同性越强越好③。

范柏乃等（2013）通过重构科技体制（1978~1985年）、建立研发投入机制（1986~1998年）、促进科技成果转化（1999~2005年）和全面构建国家创新体

---

① 陈劲，王飞绒. 创新政策：多国比较和发展框架［M］. 杭州：浙江大学出版社，2005.
② 刘凤朝，孙玉涛. 我国科技政策向创新政策演变的过程、趋势与建议——基于我国289项创新政策的实证分析［J］. 中国软科学，2007（5）：34-42.
③ 彭纪生，仲为国，孙文祥. 政策测量、政策协同演变与经济绩效：基于创新政策的实证研究［J］. 管理世界，2008（9）：25-36.

系（2006年至今）四个阶段描述了中国自改革开放以来技术创新政策的演进过程，考察了政策的投入、产出、产业发展和区域创新效应。文章提出未来的政策优化路径为：①从不协调的、零散的政策制定方式向协调的、具有系统性的政策制定方式转变；②从单一化的政策执行主体向多元化的政策执行主体转变；③从内部评估的政策评估方式向外部评估的政策评估方式转变；④从失范的政策终结行为向规范化的政策终结行为转变[①]。

除了从宏观视角对国家技术创新政策进行研究，也有学者在技术创新政策范畴内针对中国创新体系国际化政策和新兴产业政策展开讨论。

刘云等（2014）利用1130个政策文本从创新制度国际化、创新资源国际化和创新主体国际化三个维度将中国国家创新体系国际化政策分为引进为主（1978～1984年）、引进为主向追赶转型（1985～1994年）、追赶（1995～2005年）和追赶向自主转型（2006年至今）四个阶段，采用文本挖掘法研究国家创新体系国际化政策的演进特征并总结如下：①中国始终强调加强国际科技合作；②在1985～1994年阶段开始出现自主创新的论述，并将其上升为国家战略；③中国开始限制盲目引进现象；④在2006年后尤其强调引进海外高层次人才；⑤后期开始强调企业的主体地位，并有效融入全球创新网络[②]。

孙蕊和吴金希（2015）搜集了中国2010～2013年国家层面制定的战略性新兴产业政策40条，使用内容分析方法进行量化研究。文章基于"产业发展维度"和"政策支持维度"的二维分析框架对政策主题频数进行统计分析，发现中国的战略性新兴产业政策主题集中、聚焦"创新"、目标规划过溢、需求型政策明显不足[③]。

---

① 范柏乃，段忠贤，江蕾. 中国自主创新政策：演进、效应与优化 [J]. 中国科技论坛，2013 (9)：5-12.

② 刘云，叶选挺，杨芳娟等. 中国国家创新体系国际化政策概念、分类及演进特征 [J]. 管理世界，2014 (12)：62-69，78.

③ 孙蕊，吴金希. 我国战略性新兴产业政策文本量化研究 [J]. 科学学与科学技术管理，2015，36 (2)：3-9.

第五节　金砖国家相关主题研究

金砖国家作为当今世界新兴经济体的代表,从成立之时起就受到学术界的广泛关注,多年来相关讨论不断。整理当前与金砖国家相关的研究,其研究内容主要集中在经济发展、国际直接投资、国际贸易和技术创新能力四个方面。

一、经济发展研究

学者主要针对金砖国家经济增长的方式、影响因素和效率等几个方面展开研究。

张占斌(2008)论述了中印两国经济发展道路的相似性,提出中国应在处理工业化进程中农业发展滞后的问题、工业发展速度的平稳性问题、投资软环境建设问题、金融体制和效率问题、信息产业发展问题、企业的规范化和民主化问题六个方面向印度借鉴和学习①。

宾建成和詹花秀(2010)介绍了金砖国家的经济发展概况,从劳动效率、失业率、万美元 GDP 能耗、能源利用效率、基尼系数几个方面对金砖国家进行了比较,发现当前金砖国家存在经济增长与就业难之间的矛盾、经济增长与高投入并存的现象和分配效率低的问题,仍为粗放型经济增长模式②。

林跃勤(2010)对金砖国家的经济增长方式进行了比较,认为金砖国家经济增长动力结构不合理、粗放式增长特征突出、产业结构不平衡、生态环境破坏严重。之后提出了金砖国家转变经济增长方式的方向:从速度增长模式向质量型增长模式转变、提高技术创新水平、扫清经济增长方式转变的体制障碍、强化内生增长力、改善宏观调控等③。

---

① 张占斌. 中印两国发展道路的相似性与国家战略选择 [J]. 国家行政学院学报, 2008 (4): 56 – 59.
② 宾建成,詹花秀. "金砖四国"经济效率比较分析 [J]. 求索, 2010 (11): 1 – 4.
③ 林跃勤. 金砖四国:经济转型与持续增长 [J]. 经济学动态, 2010 (10): 127 – 131.

赵福昌（2011）从经济增长、经济结构、消费者价格指数、国际收支情况等几个方面介绍和比较了金砖国家的经济发展概况，总结得出金砖国家经济发展的几个共同点：具有资源或要素优势、经济增长潜力巨大、消费市场大、国际利益相似、具有较强的互补性。此外，文章对金砖国家2010年以后的经济走势作了预测分析①。

Mallick和Sousa等（2013）通过阐述金砖国家货币政策近年的变化，说明了由商品价格反映出的通货膨胀对实体经济产生的影响，进而用贝叶斯方差和面板方差等计量技术验证了金砖国家紧缩型的货币政策给经济产出带来的负面效应，表明当金砖国家的财政状况运行不良时可以依赖预期外的宏观经济冲击②。

Inglesi-Lotz等（2013）探讨了金砖国家的研发产出与经济增长的关系。研究选用1981~2011年金砖国家论文发表数量表征知识产出，使用面板因果关系分析技术进行实证分析。研究结果显示，除了印度外，其他金砖国家的研发产出与经济增长之间不存在任何绝对的因果关系。因此该研究指出，尽管金砖国家呈现出诸多经济发展的相似性，但不同国家对研发活动的支持政策不应当相同③。

李治国、周德田和郭景刚（2013）运用C-D扩展生产函数和Malmquist指数的解释性框架，对中国和印度的GDP规模、资本效率、劳动效率、能源强度等显示性框架进行分析。研究结果显示，中国在经济效率方面总体领先于印度，但印度具有赶超势头。文章进一步提出三点中国未来经济发展的对策建议：①优化产业结构，转变经济增长方式；②通过合理政策增加人力资本投资；③进行要素价格改革，提升能源利用率④。

Radulescu等（2014）探讨了金砖国家作为新兴国家代表在全球经济中的重要性。首先，学者们回顾了金砖国家在金融危机中的表现，指出相较于发达国家，金砖国家的经济运行并未受到经济危机太大的影响。其次，研究分析显示，金砖国家保持良好经济绩效的主要因素是庞大的人口基数和巨大的资源投入，如

---

① 赵福昌. 金砖国家经济发展特点与优势 [J]. 中国金融, 2011 (50): 18-20.
② Mallick S K, Sousa R M. Commodity prices, inflationary pressures, and monetary policy: Evidence from BRICS economies [J]. Open Economics Review, 2013, 24 (4): 677-694.
③ Inglesi-Lotz R, Balcilar M, Gupta R. Causality between research output and economic growth in BRICS [J]. Qual Quant, 2015, 49 (7): 167-176.
④ 李治国, 周德田, 郭景刚. 中国印度经济效率比较研究 [J]. 经济问题探索, 2013 (6): 112-119.

巴西和俄罗斯拥有大量的矿产资源储备，中国和印度拥有价格低廉的劳动力资源，并且除巴西外的其他金砖国家均具有较高的投资率。最后，该研究指出，金砖国家中存在政治腐败、意识形态多样等方面的缺点，应持续关注金砖国家是否可以保持经济增长的问题①。

二、国际直接投资研究

张为付（2008）通过对金砖国家国际直接投资占国内固定投资比重、国际直接投资的绩效指数、潜力指数、对外直接投资的绩效指数、签署国际双边投资优惠协议数量、双边税收优惠协议数量等指标的比较，发现中国和俄罗斯对国际直接投资的开放度高于巴西和印度两国②。

何菊香（2009）探讨了 FDI 对贸易竞争力的作用。文章将贸易品分为资源密集型、资本技术密集型和劳动密集型三大类，并计算出金砖国家的贸易竞争力指数和显示性比较优势指数，通过分析金砖国家利用 FDI 与 TCI 和 RCA 的相关性，发现 FDI 能通过技术溢出效应和生产效率效应有效提升各国资本技术密集型产品部门的国际贸易竞争优势地位，弥补其资金技术短缺的劣势，但不能增强其丰富要素密集型产品部门的国际竞争力③。

Jadhav（2012）探究了金砖国家吸引 FDI 的相关因素。该研究选取金砖国家 2000～2009 年的经济（市场规模、贸易开放度、自然资源的可用性等）、制度（监管质量、腐败控制等）和政治（政治稳定、政府有效性等）三方面的指标构成面板数据，采用面板单位根检验和多元回归方法进行分析。研究结果表明，经济因素比制度和政治因素更加显著。从具体的指标来看，市场规模、贸易开放度和自然资源的可用性等是 FDI 的显著决定因素，表明金砖国家 FDI 的主要目的是拓展市场。此外，市场规模和贸易开放度的系数为正，对 FDI 有促进作用；自然

---

① Radulescu I G, Panait M, Voica C. BRICS countries challenge to the world economy new trends [A]. In: Luminita C, et al. (Eds.), Procedia Economics and Finance [C]. 1st International Conference "Economic Scientific Research – Theoretical, Empirical and Practical Approaches", 2014 (8): 605 – 613.
② 张为付. 金砖四国的国际直接投资比较研究 [J]. 国际贸易, 2008 (10): 51 – 57.
③ 何菊香. 金砖四国 OFDI 对贸易竞争力优势影响比较分析 [J]. 亚太经济, 2009 (3): 72 – 76.

资源的可用性系数为负，对 FDI 有抑制作用①。

Chin（2014）分析了金砖国家发展银行建立的原因及其对全球经济发展的作用。该研究指出，传统的投资者常常无法真正兑现投资承诺，特别是在基础设施建设领域的投资，但金砖国家发展银行因各国拥有不同的利益和需求而能够更好地兑现投资承诺，提高国际投资效益②。

三、国际贸易研究

卫灵和王雯（2010）以进出口商品种类为主要衡量标准，对中国和巴西两国进出口商品的显示性比较优势指数进行了分析。研究认为，中巴两国进出口商品特点不同，在出口商品种类上中巴双方的互补性大于竞争性。为进一步加强中巴双边贸易，中国应加大对巴西的出口，充分挖掘两国贸易合作的潜力；优化商品结构，有效应对反倾销，促进中国在拉美地区的市场多元化③。

李杨（2012）从服务贸易增长率、服务贸易差额、服务贸易行业结构三个方面比较了金砖国家服务贸易当前的发展情况，进而以国际市场占有率、服务贸易竞争优势指数、服务贸易显性比较优势指数以及服务贸易显性优势指数四个指标探讨了金砖国家的服务贸易竞争力，提出金砖国家服务贸易合作存在坚实的基础，金砖国家应构建多层次、多领域的对话机制，从多边、区域和双边多个途径推动金砖国家的服务贸易合作④。

李永刚（2013）选取了 2000~2010 年金砖国家进出口贸易、年中人口数据、居民消费价格指数等相关经济数据，利用回归分析的计量经济模型探讨五国经济增长、物价水平、经济人口、财政赤字、人均可支配收入和本币汇率分别对各国贸易规模的影响。研究发现，经济增长和物价水平对中国的贸易促进作用相较于

---

① Jadhav P. Determinants of foreign direct investment in BRICS economies: Analysis of economic, institutional and political factor [A]. In: Procedia – Social and Behavioral Science [C]. International Conference on Emerging Economies—Prospects and Challenges, 2012, 37: 5 – 14.

② Chin G T. The BRICS – led development bank: Purpose and politics beyond the G20 [J]. Global Policy, 2014, 5 (3): 366 – 373.

③ 卫灵，王雯. "金砖四国"中的巴西及中国——巴西双边贸易分析 [J]. 当代财经, 2010 (10): 98 – 102.

④ 李杨. 金砖国家服务贸易竞争力比较及其合作研究 [J]. 亚太经济, 2012 (2): 75 – 79.

其他国家更大,而经济人口、财政赤字、人均可支配收入和汇率的提高对中国对外贸易的阻碍作用更大①。

Yu(2014)研究了金砖国家的国际贸易对金砖机制的负面效应。他指出,金砖国家之所以成为最强大的新兴国家,主要是因为其占据了全球 GDP 和国际贸易份额的较大比重。尽管金砖国家机制已经开始运作,但是金砖国家却很难融合成一体。一方面是因为金砖国家尚未承诺实现食品和服务贸易自由化;另一方面是因为金砖国家频繁针对金砖国家之间的出口贸易采取贸易救济措施,使当前的金砖框架更像是给发达国家寻求政治话语权的平台,而不像是真正的金砖国家贸易联盟平台②。

四、技术创新能力研究

刘凤朝、李滨和孙玉涛(2008)对中国、印度和巴西三国的在美专利发展情况进行了时序分析,并使用科学论文产出的相对质量指标对三个国家的专利技术领域进行了测度。结果表明,中国虽然在总量和增速上具有优势,但专利的技术水平整体还不高;印度专利质与量的结合相对而言更为合理;巴西在三国比较中质与量都处于比较落后的地位③。

殷之明和马瑞敏(2011)从科研生产力、科研影响力、科研创新力和科研发展力四个方面对金砖国家的科技表现进行了比较研究,认为中国在金砖国家中表现较好,占据有利地位,俄罗斯、印度和巴西的科技实力也得到较大的提升,但是金砖国家相较于世界平均水平还有待进一步提高。中国当前技术创新的提升空间在于中国的国际科技地位、科技论文质量、精品科技成果、授权专利数和高影响力学者数量五个方面④。

---

① 李永刚. 中国在"金砖国家"中的贸易竞争力对比分析——基于 2000~2010 年面板数据模型分析[J]. 人文杂志, 2013 (1): 37-45.
② Yu Y N. Trade remedies: China in the BRICS [J]. Journal of World Trade, 2014, 48 (6): 1247-1277.
③ 刘凤朝, 李滨, 孙玉涛. 中、印、巴专利发展与技术领域比较优势分析[J]. 科学管理研究, 2008, 6 (26): 118-121.
④ 殷之明, 马瑞敏. "金砖"四国的科技表现及其启示[J]. 科技进步与对策, 2011, 20 (28): 113-116.

Finardi (2015) 通过比较金砖五国科技产品的总数额、索尔顿指数、杰卡德系数和概率亲和力指数几个指标,分析了金砖国家之间科技创新合作的潜力。研究发现,金砖国家的双边合作具有很强的异质性,南非和印度之间、中国和俄罗斯之间具有相对较强的合作潜力。此外,金砖国家的概率亲和力指数数据表明,未来金砖国家内部科技合作将会随时间呈现出稳定态势①。

第六节 总 结

本章通过对已有文献的梳理,得到如下结论:

第一,技术创新政策是一系列公共政策的总和。通过对已有文献进行梳理、归纳,本书认为,技术创新政策是指一国政府为了推动技术创新发展而制定的一系列公共政策的总和,是一个相互融合的政策系统,包括科技政策、经济政策、产业政策等多种政策。因此,全文提到的技术创新政策均以此定义为依据进行界定。

第二,发展中国家尤其需要对技术创新政策进行科学设计。技术创新政策设计体现了政府对技术创新多个层面的制度安排。发展中国家的发展背景与发达国家存在本质上的不同,制度框架也较为脆弱,因此在技术创新政策设计中必须要重点针对仅存在于发展中国家的问题,以及虽然在发达国家有解决方案,但相关方案不适用于发展中国家的问题进行深入研究。现实中,深入讨论发展中国家技术创新政策设计问题是最近刚刚开始的现象。

第三,技术创新政策量化研究需要理论上的进一步挖掘。政策的量化研究在国内外都是一个难题。孙文祥、彭纪生等(2008)从政策力度、政策目标和政策措施三个方面,利用五级打分办法对技术创新政策进行了定量化研究,给未来的政策计量研究以极大的启示,但不同国家的政策能否都采用这一办法进行打分有待商榷。

---

① Finardi U. Scientific collaboration between BRICS countries [J]. Scientometrics, 2015, 102 (2): 1139–1166.

第四,中国的技术创新政策国际定量比较研究尚处于起步阶段。由于数据缺乏等多方面原因,我国技术创新政策的国际比较研究有限(OECD,2008)①。比较不同国家技术创新政策的发展轨迹,借鉴其他国家尤其是发展中国家在推动相关产业创新的政策制定与实施方面的经验,可以为我国政府在更高起点构建技术创新政策体系提供决策参考,这也是未来研究的重点之一。

---

① OECD. OECD Reviews of Innovation Policy China [M]. France:OECD Publishing,2008.

第三章
金砖国家技术创新能力比较

进入21世纪以来,金砖国家整体GDP平均增长率超过5.5%,远高于发达国家2.2%的经济平均增长率和3.4%左右的全球经济平均增长率,金砖国家已成为带动世界经济增长的重要力量。金砖国家均将"技术创新"视作国家重要战略之一,而各自的技术创新能力存在差异。本章在国内外学术界对国家技术创新能力相关研究的基础上,从技术创新投入、技术创新产出和技术创新环境三个方面对金砖国家的技术创新能力进行比较评价。

第一节 国家技术创新能力测度方法与评价研究

国家技术创新能力(以下简称"国家创新能力")是当前国内外学术界的研究热点。国内外学者已从经济地理学、创新能力作用等角度界定了国家创新能力的概念(Villa,1990;Furman等,2002;Mathews和Hu,2005;刘凤朝和孙玉涛,2008)[1][2][3][4]。本节旨在对已有的国家创新能力的测度与评价研究进行

---

[1] Villa L S. Invention, inventive learning, and innovative capacity [J]. Behavioral Science, 1990, 35 (4): 290–310.

[2] Furman J L, Porter M E, Stern S. The determinants of national innovative capacity [J]. Research policy, 2002, 31 (6): 899–933.

[3] Mathews J A, Hu M C. National innovative capacity in East Asia [J]. Research Policy, 2005, 34 (9): 1322–1349.

[4] 刘凤朝,孙玉涛. 国家创新能力测度研究述评 [J]. 科学学研究, 2008, 26 (4): 887–893.

梳理。

一、国家创新能力测度方法

国外关于创新能力测度的研究始于20世纪中期，国内这方面的研究到20世纪90年代才开始。由于学者对国家创新能力的理解多样，因此国家创新能力测度方法尚无统一标准。目前国际上关于国家创新能力的测度方法有9种颇具影响力，分别为：OECD的科学、技术和工业记分牌，欧盟的欧洲创新记分牌，欧盟的全球创新记分牌，世界经济论坛的创新能力指数，瑞士洛桑管理学院的科技竞争力，联合国开发计划署的技术成就指数，世界银行的知识经济指数，联合国贸易和发展会议的创新能力指数和联合国工业发展组织的产业竞争力绩效指数。这些测度方法从科学、技术、创新、知识、产业等不同角度度量国家创新能力，在一定程度上有助于判定一国创新能力的高低。

二、国家创新能力评价研究

国内外学者对国家创新能力评价的研究主要从国家创新能力决定因素、创新能力演变、创新能力比较、创新能力评价等方面入手，选取专利数、R&D支出、人力资本、基础设施建设等众多指标，利用描述性统计、GLS回归分析、面板协整分析等研究方法，进行国家创新能力评价，如表3-1所示。总体上，国家创新能力评价指标涉及国家创新投入、国家创新产出和国家创新环境三个方面。其中，创新投入通常用研发经费投入衡量，创新产出包括专利数、科技论文数、高技术产品出口等，创新环境包括国际贸易、基础设施、人力资本、社会制度及管理质量等。

表3-1 国家创新能力评价研究文献

国别	学者	研究问题	创新能力指标选取	分析方法
国外	Furman 等（2002）①	国家创新能力决定因素	国际专利数、创新基础条件、产业集群环境	回归分析
	Mathews 和 Hu（2005）②	东亚国家创新能力研究	国际专利数、创新基础设施、产业集群环境	描述性分析
	Krammer（2009）③	国家创新能力的驱动因素	国际专利数、创新投入、成果输出、国家基础设施、集群环境、基础设施和产业集群之间的关联、转型期国家的具体因素、全球化相关因素	GLS 估计法
	Lin 等（2010）④	创新能力比较	国际专利数、R&D 总支出、科技论文数量	定性分析
	Castellacci 和 Natera（2012）⑤	国家创新能力与吸收能力之间的协同	集群优势、R&D 投入、经济成果、产业发展、教育支出占 GDP 的百分比、内部 FDI、国家政策与制度、吸收能力指标	面板协整分析

---

① Furman J L, Porter M E, Stern S. The determinants of national innovative capacity [J]. Research Policy, 2002, 31 (6): 899-933.

② Mathews J A, Hu M C. National innovative capacity in East Asia [J]. Research Policy, 2005, 34 (9): 1322-1349.

③ Krammer S M S. Drivers of national innovation in transition: Evidence from a panel of Eastern European countries [J]. Research Policy, 2009, 38 (5): 845-860.

④ Lin, Grace T R, Yung-Chi Shen, et al. National innovation policy and performance: Comparing the small island countries of Taiwan and Ireland [J]. Technology in Society, 2010, 32 (2): 161-172.

⑤ Castellacci F, Natera J M. The dynamics of national innovation systems: A panel cointegration analysis of the coevolution between innovative capability and absorptive capacity [J]. Research Policy, 2013, 42 (3): 579-594.

续表

国别	学者	研究问题	创新能力指标选取	分析方法
国内	官建成和余进（2005）①	中国国家创新能力评价	专利数、论文数、经费投入、人员投入、科技成果利用能力	DEA模型
	魏守华（2008）②	国家创新能力演变	专利、论文、高科技产品出口、创新基础设施、产业创新环境、国际技术吸收能力	定性分析
	田志康等（2008）③	中国科技创新能力评价	技术应用、知识产权、创新驱动、知识创造、企业创新	科技创新指数（TII）
	王黎萤和胡黎玮（2009）④	创新能力比较（1997~2001年）	专利、研发投入和公共研发支出、创新基础设施	定性分析
	刘凤朝和冯婷婷（2011）⑤	中国创新系统运行的动力研究（1996~2006年）	专利，教育支出，税负，知识产权保护水平，人才在企业、高校、科研机构之间的流动	系统动力学模型
	贺德方（2014）⑥	创新型国家评价方法	创新环境、经济发展、科技创新、社会民生、资源生态	—

资料来源：作者根据相关文献整理自制。

---

① 官建成，余进．基于DEA的国家创新能力分析［J］．研究与发展管理，2005，17（3）：8-15.

② 魏守华．国家创新能力的影响因素——兼评近期中国创新能力演变的特征［J］．南京大学学报（哲学、人文科学、社会科学），2008，3：30-36.

③ 田志康，赵旭杰，童恒庆．中国科技创新能力评价与比较［J］．中国软科学，2008（7）：155-160.

④ 王黎萤，胡黎玮．东亚后发国家创新能力比较及对中国的启示［J］．科技管理研究，2009（7）：73-75.

⑤ 刘凤朝，冯婷婷．国家创新能力形成的系统动力学模型——以发明专利为能力表征要素［J］．管理评论，2011，23（5）：30-38.

⑥ 贺德方．创新型国家评价方法体系构建研究［J］．中国软科学，2014（6）：117-128.

第二节　金砖国家技术创新能力比较

虽然已有大量研究分析了国家创新能力对经济增长的影响，但研究主体主要集中在发达国家，忽略了新兴国家在赶超过程中的技术变革以及经济发展中的特有情景。因此，合理选取创新能力评价指标，深入分析和比较金砖国家2000～2013年技术创新能力现状，有助于探索发展中国家技术赶超之路，合理制定技术创新政策，健全与完善技术创新政策体系。

一、金砖国家技术创新能力测度指标选取

综合考虑国际组织对国家创新能力的测度方法和国内外学者的研究指标选取，结合数据的可获得性，笔者从国家创新投入、国家创新产出和国家创新环境三个方面，选取7个指标对2000～2013年金砖国家技术创新能力进行比较，如表3-2所示。国家创新投入用R&D投入强度衡量，即公共R&D支出占GDP比重；国家创新产出用专利数量、高科技产品出口额占GDP比重两个指标衡量；国际贸易、基础设施、人力资本以及社会制度和管理质量等经常用来衡量国家创新环境（Archibugi 和 Coco，2004；Godinho 等，2006；Fagerberg 和 Srholec，2007）[1][2][3]，因此，本书选取贸易开放度、基础设施建设、人力资本、社会制度和管理质量四个二级指标衡量国家创新环境。

---

[1] Archibugi D, Coco A. A new indicator of technological capabilities for developed and developing countries [J]. World Development, 2004, 32 (4): 629-654.
[2] Godinho M, Mendonca M, Pereira S F, et al. Towards a taxonomy of innovation systems [J]. Mimeo, Universidade Tecnica de Lisboa, 2006.
[3] Fagerberg J, Srholec M, Knell M. The competitiveness of nations: Why some countries prosper while others fall behind [J]. World Development, 2007, 35 (10): 1595-1620.

表 3-2　金砖国家技术创新能力比较指标

一级指标	二级指标	指标说明
国家创新投入	R&D 投入强度	公共 R&D 支出占 GDP 比重
国家创新产出	专利	专利授权量
	高科技产品出口	高科技产品出口额/GDP
国家创新环境	贸易开放度	贸易总额/GDP
	基础设施建设	每百人中网络使用率
	人力资本	65 岁以上劳动力
		每百万人中科研人数
	社会制度和管理质量	产权保护指数
		企业规制指数

资料来源：作者根据相关资料整理自制。

二、金砖国家技术创新能力比较

（一）国家创新投入

R&D 投入被认为是工业化国家企业技术创新的重要驱动力（Krammer，2009）①。由于金砖国家经济发展程度存在差异，用 R&D 投入不能客观体现一国对研发的支持力度，因此这里选用 R&D 投入强度，即公共 R&D 支出占 GDP 比重来表示金砖国家创新投入。

如表 3-3 所示，金砖国家的公共 R&D 支出占 GDP 比重整体上呈现上升趋势，但各国变化存在差异。巴西和俄罗斯的公共 R&D 支出占 GDP 比重在过去的 14 年里始终保持 1% 以上的投入水平。中国的公共 R&D 支出占 GDP 比重在 2004 年以后跃居五国之首；中国自 2006 年颁布"第十一个五年计划"后，R&D 经费投入增速一直保持在 20% 以上，投入强度从 2006 年的 1.39% 持续提高到 2013 年的 2.08%。印度在该指标上的表现不及中国、俄罗斯和巴西，2000～2013 年基

---

① Krammer S M S. Drivers of national innovation in transition: Evidence from a panel of Eastern European countries [J]. Research Policy, 2009, 38 (5): 845-860.

本保持在 0.8% 左右。

表 3-3　金砖国家公共 R&D 支出占 GDP 比重（2000~2013 年）　　单位：%

年份	中国	俄罗斯	印度	巴西	南非
2000	0.90	1.05	0.74	1.02	0.61
2001	0.95	1.18	0.72	1.04	0.73
2002	1.07	1.25	0.71	0.98	0.84
2003	1.13	1.29	0.71	0.96	0.79
2004	1.23	1.15	0.74	0.90	0.85
2005	1.32	1.07	0.81	0.97	0.90
2006	1.39	1.07	0.80	1.00	0.93
2007	1.40	1.12	0.79	1.10	0.92
2008	1.47	1.04	0.84	1.11	0.93
2009	1.70	1.25	0.82	1.17	0.87
2010	1.76	1.13	0.80	1.16	0.76
2011	1.84	1.09	0.81	1.12	0.77
2012	1.98	1.12	0.82	1.15	0.80
2013	2.08	1.10	0.85	1.16	0.82

资料来源：世界银行世界发展指标数据库。

（二）国家创新产出

1. 专利授权量

专利具有新颖性、创造性、实用性等特征，已成为一个国家、地区乃至企业参与国际竞争的有效衡量标准和关键性战略资源（刘凤朝等，2008）①。专利授权量作为创新成果的主要体现，在衡量创新能力时具有很好的解释能力，是衡量国家创新产出的重要指标（Krammer，2009）②。

---

① 刘凤朝，孙玉涛. 国家创新能力测度研究述评 [J]. 科学学研究，2008，26（4）：887-893.
② Krammer S M S. Drivers of national innovation in transition: Evidence from a panel of Eastern European countries [J]. Research Policy, 2009, 38 (5): 845-860.

如图 3-1 所示，金砖国家的专利授权量整体上均呈现上升趋势。中国在 2000~2013 年的专利授权量增长迅速，年均涨幅达 29.5%，居五国之首，其中 2013 年达到 29145 件，是南非同年的 18 倍之多。中国重视科技水平的提升，《中国国民经济和社会发展十二五规划纲要》（2011 年）指出，要在规划期间实现每万人口发明专利拥有量提高到 3.3 件，2013 年每万人口发明专利拥有量已达到 4.03 件。从平均水平来看，金砖国家专利授权量仍较低，尚不能入围世界知识产权组织统计的国家专利授权量前五名。

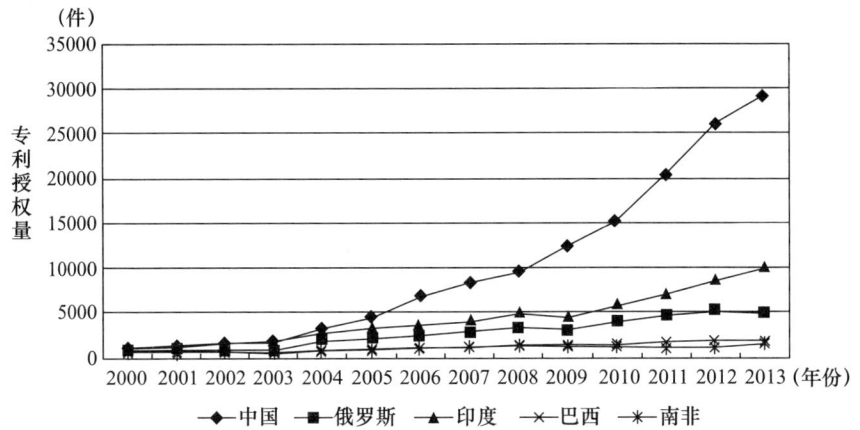

图 3-1　金砖国家专利数授权量（2000~2013 年）

资料来源：世界知识产权组织专利统计数据库。

2. 高技术产品出口额占 GDP 比重

高科技产品具有高研发投入、高附加值的特点，其生产和国际市场占有率在一定程度上代表了一个国家的科技实力以及高技术产业化的能力，适于衡量国家创新产出。

如图 3-2 所示，金砖国家中，中国高科技产品出口额占 GDP 比重这一指标居于高位，2006 年最高，达到 10.1%，之后呈现曲线下降趋势，2013 年为 6%，仍高于其他金砖国家。但该指标的主要贡献者却来源于中国境内的外商独资企业。以《中国科技统计 2011 年度报告》显示的 2010 年中国高科技产品总出口额为例，其中仅外商独资企业的高科技产品出口额就占总出口额的 66.5%。从整体平均水平来看，金砖国家多年来一直徘徊在 1.9% 左右，与发达国家差距悬殊。

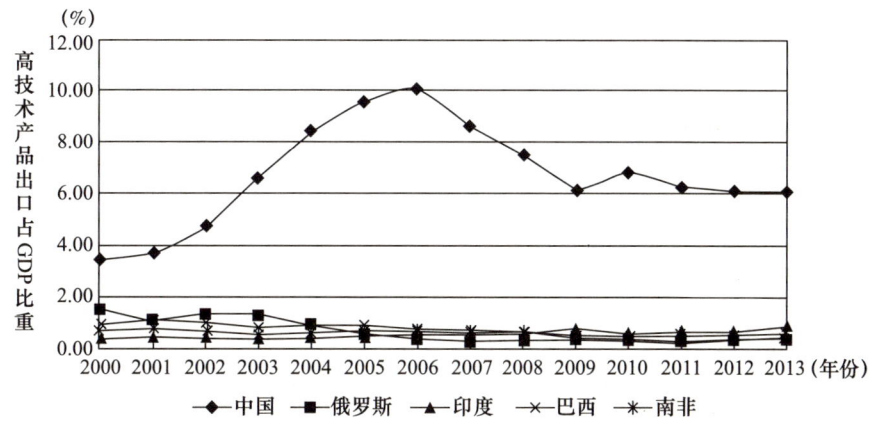

图 3-2　金砖国家高技术产品出口额占 GDP 比重（2000～2013 年）

资料来源：世界银行世界发展指标数据库。

（三）国家创新环境

1. 贸易开放度

国际贸易对东道国的技术创新有正向的外溢效应（Coe 和 Helpman，1995；Saggi，2002）①②，一国对外越开放，就越有能力模仿国外的先进知识（Gong 和 Keller，2003）③。金砖国家由于自身原始创新力不足，更需要学习国际知识，引进先进技术进行再创新。贸易开放度是反映一国（地区）市场对外开放程度的

---

①　Coe D, Helpman E. International R&D spillovers [J]. European Economic Review, 1995, 39 (5): 859-887.

②　Saggi K. Trade, foreign direct investment and international technology transfer: Asurvey [J]. World Bank Research Observer, 2002, 17 (2): 191-235.

③　Gong G, Keller W. Convergence and polarization in global income levels: A review of recent results on the role of international technology diffusion [J]. Research Policy, 2003, 32 (6): 1055-1079.

一个综合性指标，本文参考 Castellaccia 和 Naterab（2012）① 对贸易开放度的衡量方法，以国内贸易进出口总额占 GDP 比重来表示一国贸易开放度。

俄罗斯和南非在 2000~2013 年一直保持 50% 以上的贸易开放度（见图 3-3）。2007 年以后，南非的贸易开放度超过俄罗斯，居第一位，这与南非多年来坚持实行进出口贸易促进政策不无关系。自 1995 年加入 WTO 以后，南非已将过去 80 多种不同的关税减少到 8 种，并授予本国进出口管理方面更多的自由，规定在贸工部登记注册的任何公司都可以经营出口贸易。企业经营出口贸易时，可以自主选择是否向贸工部登记注册，注册企业有权享受相关的鼓励政策。

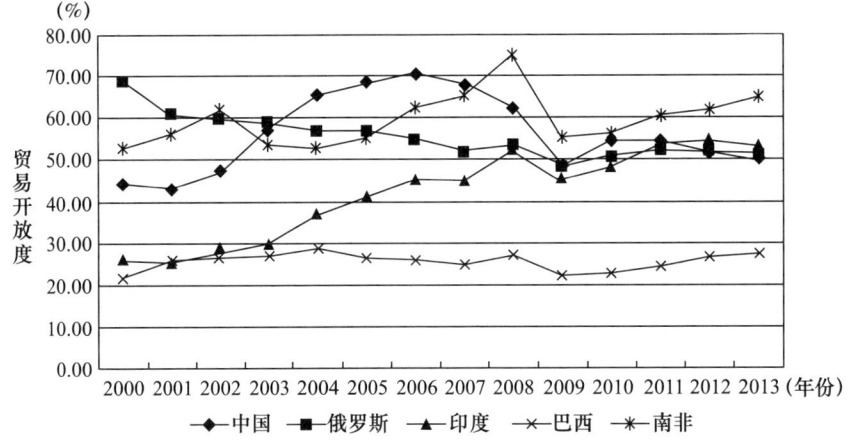

图 3-3　金砖国家贸易开放度（2000~2013 年）

资料来源：世界银行世界发展指标数据库。

巴西的贸易开放度相对较低，2000~2013 年始终徘徊在 20%~30%。2009年，世界经济论坛对 121 个国家的贸易开放度进行了调查，调查结果显示，巴西的贸易开放度排名为第 87 位，是贸易保护最严重的国家之一。为保护本土产业发展，巴西经常通过提高进口关税限制进口，并对进口产品实施反倾销制裁。世界贸易组织统计数据显示，仅在 2012 年 5~9 月，巴西共启动 27 项反倾销调查，

---

① Castellacci F, Natera J M. The dynamics of national innovation systems: A panel cointegration analysis of the coevolution between innovative capability and absorptive capacity [J]. Research Policy, 2013, 42 (3): 579-594.

占世贸组织所有成员经济体同期发起调查总数量的1/3。较低的贸易开放度阻碍了巴西与世界先进国家之间的技术交流与合作，阻碍了其国家技术创新进程。

2. 基础设施建设

基础设施（如网络、运输、配送）水平的高低影响一国对国际先进技术的吸收、采纳以及实践的能力（Freeman，2004；Castellacci 和 Natera，2011）①②。以固定宽带网络接入户数为例，如表3-4所示，金砖国家中，中国是固定宽带网络接入最多的国家。

表3-4　金砖国家每百万户中固定宽带网络接入户数（2000～2013年）

年份	中国	俄罗斯	印度	巴西	南非
2000	0.02	0.04	0.03	0.10	0.00
2001	0.34	0.07	0.05	0.33	0.00
2002	3.30	0.11	0.08	0.73	0.00
2003	11.22	0.34	0.14	0.97	0.02
2004	24.94	0.68	0.24	3.16	0.06
2005	37.35	1.59	1.35	3.23	0.17
2006	50.85	2.90	2.30	4.77	0.34
2007	66.41	4.90	3.13	7.61	0.38
2008	82.88	9.28	5.28	9.68	0.43
2009	103.98	12.90	7.75	11.30	0.48
2010	126.34	15.70	10.99	13.27	0.74
2011	156.49	17.42	12.89	16.86	0.91
2012	175.18	20.70	14.52	18.19	1.11
2013	188.91	23.75	14.54	20.19	1.62

资料来源：世界银行世界发展指标数据库。

---

① Freeman C. Technological infrastructure and international compdtitiveness [J]. Industrial and Corporate Change, 2004, 13 (3): 541-569.

② Castellacci F, Natera J M. A new panel dataset for cross-country analyses of national systems and development [J]. Innovation and Development, 2011, 1 (2): 205-226.

近年来，中国固定宽带网络接入户数增长迅猛，2007 年超过美国，成为全球最大的宽带用户市场。然而，据国际电信联盟数据显示，2013 年中国宽带普及率仅为 14%，远低于发达国家同期的 30%~40% 的水平，差距仍然较大。印度在 2011 年已成为继中国和美国之后的全球第三大互联网用户国家，但由于宽带设施基础差，上网速率慢且不稳定，其固定宽带网络接入户数在金砖国家中较低，宽带普及率仅为 1%。印度政府已经采取相应措施，颁布《2011 国家电信法》，旨在推进宽带普及并提高网速等，实现 2020 年全国宽带接入用户数达到 6 亿户的目标。

3. 人力资本

人力资本是影响一国模仿和吸收国外先进技术能力的最重要因素（Benhabib 和 Spiegel，1994；Stokke，2008）①②，是国家创新环境的重要指标之一。衡量人力资本的指标有多种，本文选择 65 岁以上人口占总人口比重以及每百万人中 R&D 研究人员数量来衡量人力资本。

65 岁以上人口占总人口比重。国际惯例将 65 岁以上人口比重达 7% 作为国家或地区进入老龄化社会的标准。若以此为标准，根据 WDI 数据库的数据显示，中国和俄罗斯该指标在 2000 年即已分别达到 7% 和 12.4%，进入了老龄化社会。中国社会科学院数量经济与技术经济研究院预计 2030 年以后，我国劳动力供给将出现严重不足，青年劳动力的缺口将是我国未来发展面临的重大问题。金砖国家中，南非和印度至今仍然保持较高的劳动力优势，两国 2013 年 65 岁以上人口占总人口比重仅为 5.3% 和 5.5%。2013 年俄罗斯《独立报》报道，印度 2020 年居民的平均年龄将为 29 岁，有可能成为世界上最年轻的国家之一，"人口活跃"被认为是印度未来信息技术产业发展的最大资本。

每百万人中 R&D 研究人员数量。金砖国家中，中国每百万人中 R&D 研究人员数量这一指标处于中等水平，俄罗斯则占绝对优势（见图 3-4）。2000 年，俄罗斯每百万人中 R&D 研究人员数量就已高达 3451 人，是同期其他金砖成员国该

---

① Benhabib J, Spiegel M. The role of human capital in economic development: Evidence from aggregate cross-country data [J]. Journal of Monetary Economics, 1994, 34 (2): 143–173.

② Stokke H. Productivity growth and organizational learning [J]. Review of Development Economics, 2008, 12 (4): 764–778.

指标的10倍左右。俄罗斯在人才培养中,对高等教育尤其重视和支持,2001年就颁布了《2002—2006年俄罗斯科学与高等教育一体化联邦专项计划》,鼓励高校人才参与科研工作,培养了大量的高科技人才。印度由于国内工资待遇、生活环境以及研究条件等综合因素的影响,多年来人才外流现象较为严重,每年有近80%的计算机及其相关专业的毕业研究生去往发达国家谋职或留学,已经威胁到本国科技进步。近年来,印度政府积极采取措施,设置科技奖励、建立研究所,并从政策上给予科学人才更多利益倾斜,还在班加罗尔、海德拉巴等新兴城市大力兴建科技园,鼓励高科技人才回国创业。2010年,印度每百万人中R&D研究人员数量达160人,有上升趋势。

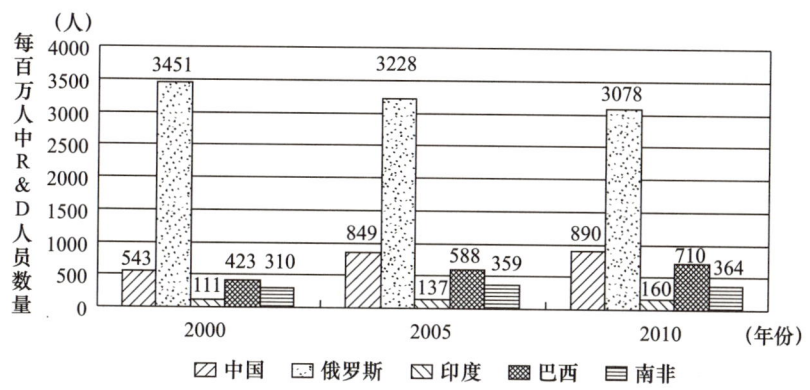

图3-4 金砖国家R&D研究人员数量

资料来源:世界银行世界发展指标数据库。

4. 社会制度和管理质量

一个更有效的社会制度和管理系统往往能增加该国在技术升级以及模仿能力方面的投入(Varsakelis,2006)①。知识产权保护指数和企业规制指数两个指标可以从不同侧面反映社会制度和管理质量。一方面,知识产权保护可以最大限度地激励当地创新专利的产生(Aghion等,2001)②,也能促进具有高科技潜力的

---

① Varsakelis N. Education, political institutions and innovative activity: A crosscountry empirical investigation [J]. Research Policy, 2006, 35 (7): 1083 – 1090.
② Aghion P, Christopher H, Howitt P, et al. Competition, imitation and growth with step – by – step innovation [J]. Review of Economic Studies, 2001, 68 (3): 467 – 492.

外商直接投资的知识外溢（Smarzynska 和 Javorcik，2002；Kanwar 和 Evenson，2003）[1][2]；另一方面，根据企业的营商环境综合评分得出的企业规制指数（得分越高，说明企业的自主权越大），可以显示企业自主发挥技术创新的能力。

知识产权保护指数。金砖国家中，南非知识产权保护指数远远高于金砖国家的平均水平（见图3-5a）。相较于其他金砖国家，南非最早开始建立知识产权

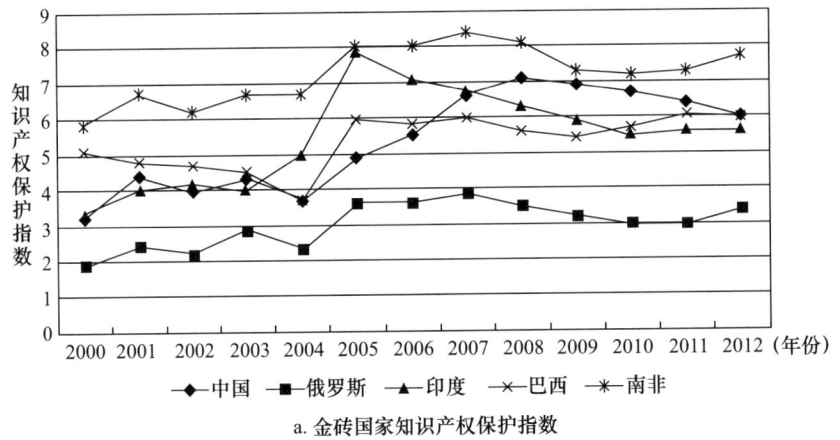

a. 金砖国家知识产权保护指数

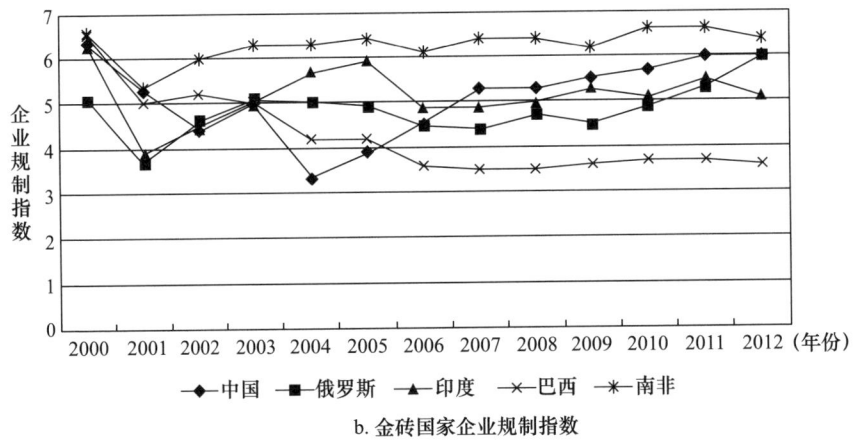

b. 金砖国家企业规制指数

图3-5　金砖国家社会制度和管理质量情况（2000～2012年）

资料来源：世界经济自由网。

---

[1] Smarzynska B K. The composition of foreign direct investment and protection of intellectual property rights: Evidence from transition economies [J]. European Economic Review, 2002, 48 (1): 39-62.

[2] Kanwar S, Evenson R. Does intellectual property protection spur technological change? [J]. Oxford Economic Papers, 2003, 55 (2): 235-264.

保护制度，1916年就已经颁布《专利、设计、商标和著作权法》，并对其多次修改，形成了较为完善的知识产权保护体系。中国1984年才颁布《中华人民共和国专利法》，当前知识产权保护指数水平仍然很低。2007年，国家知识产权局在《关于规范专利申请行为的若干规定》中采取了各种严厉手段规范专利实施，中国知识产权保护水平才有所提高。

企业规制指数。如图3-5b所示，金砖国家中，在企业规制指标上表现相对较好的是南非。南非政府较早就对企业经营做出法律上的规范，1973年颁布《公司法》，此后该法成为国内企业经营最重要的法律依据，经过多次修改后形成2008年的《公司法》（修订版）。该法律为减轻企业负担、促进企业公平竞争、规范企业经营活动等提供了依据。中国自2005年颁布《国家中长期科学和技术发展规划纲要（2006—2020年)》后，国家税务总局、财政部、科技部等部门加大政策支持力度促进企业自主创新，鼓励企业科技成果商业化转化，放宽企业信贷如免征中小企业信用担保机构营业税等，提高了企业规制指数。

第三节　总　结

对金砖国家技术创新能力的深入比较结果表明：

第一，国家创新投入方面。以R&D投入强度指标衡量金砖国家创新投入，结果显示：金砖国家创新投入整体呈现上升趋势，其中中国的投入增长最为迅速，高于其他金砖国家。

第二，国家创新产出方面。以专利授权量和高科技产品出口额占GDP比重两种指标衡量金砖国家创新产出，结果显示：首先，专利授权量。金砖国家专利授权量整体上呈现上升趋势，中国涨幅最大，印度次之。其次，高科技产品出口额占GDP比重。金砖国家中，中国这一指标在2000~2013年居于高位，2006年达到峰值。

第三，国家创新环境方面。以贸易开放度、基础设施建设、人力资本与社会制度和管理质量四种指标衡量金砖国家创新环境，结果显示：首先，贸易开放度。俄罗斯和南非贸易开放度整体上较高，2003年后中国的贸易开放度迅速上升并居于高位，巴西的贸易开放度最低。其次，基础设施建设。中国是金砖国家中固定宽带网络接入最多的国家，俄罗斯和印度的固定宽带接入数量明显不足。再次，人力资本。南非和印度的年轻劳动力占比较高，俄罗斯每百万人中R&D研究人员数量居五国最高。最后，社会制度和管理质量。南非在该指标下优于其他金砖国家，在知识产权保护指数和企业规制指数方面表现较好。

第四章
金砖国家技术创新政策概览

技术创新政策体现一国对技术创新活动的制度安排。本章详细描述了金砖国家技术创新政策颁布机构,分别梳理了各金砖国家的主要根政策和干政策,从总体上描绘了金砖国家技术创新政策全景,为后文金砖国家技术创新政策的深入比较进行了适时的准备工作。

第一节 政策颁布机构

一、中国

中国建立了一个以政府为主导的"自上而下"的技术创新管理机构体系。国家层面,以国务院为管理和领导核心,在科技部的全面统筹负责下,各个部门在不同的领域担负着相应的技术创新管理职责,并同时负有执行技术创新政策的责任。地方层面,各地有着与国家层面类似的技术创新管理机构体系,国务院下辖的分管各领域的部门在地方都设有相应的管理机构。中国主要的技术创新管理机构如图4-1所示。

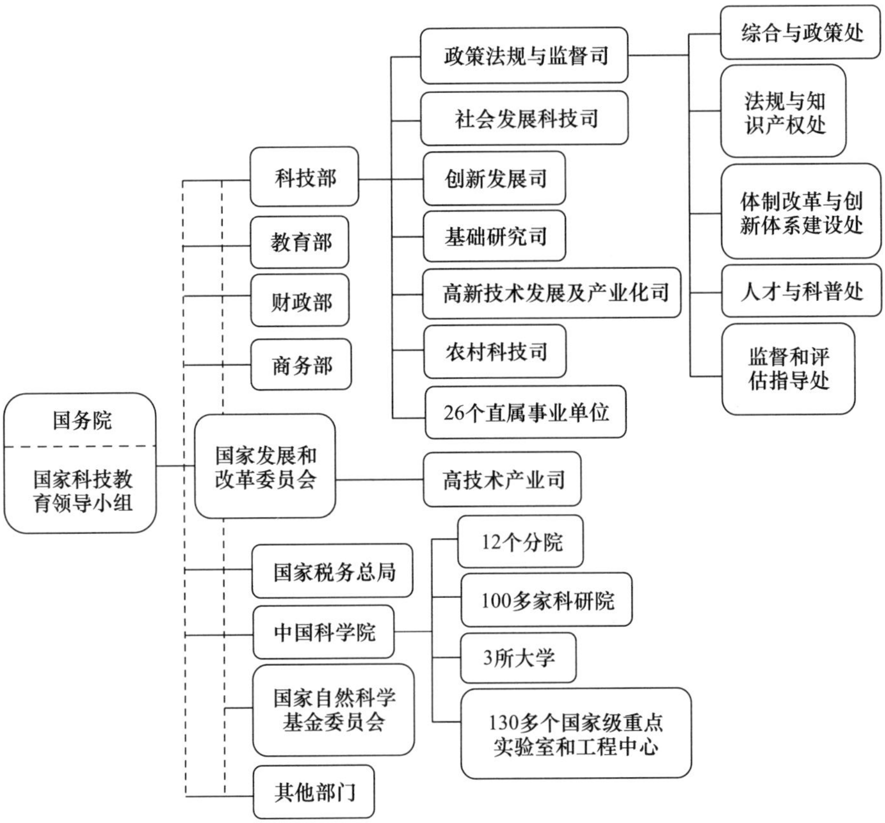

图 4-1 中国主要技术创新管理机构

资料来源：作者根据相关资料整理自制。

(一) 国务院

国务院是国家层面技术创新政策制定和执行、技术研发资助、技术创新人才培养等的管理核心。国务院下设国家科技教育领导小组，分管科技工作，是中国技术创新领域最高级别的领导和协调机构。该小组成立于1998年，由国务院总理担任组长，小组成员由与技术创新相关的各部部长组成。国家科技教育领导小组的主要职责有：研究、审议国家科技和教育发展战略及重大政策，讨论、审计科技和教育重要任务及项目，协调国务院各部门及部门与地方之间涉及科技或教育的重大事项。

（二）科技部

科技部全面负责技术创新政策的制定和执行工作。它的主要职责分为以下三个方面：①牵头拟订技术创新发展规划、方针政策和相关法律法规草案，并组织实施和监督检查；②组织制订国家重点基础研究和高技术研究计划，统筹协调相关技术研究项目，牵头组织重大关键技术攻关；③会同有关部门组织科技重大专项实施中的方案论证、综合平衡、评估验收和制定相关配套政策。科技部通过"3+2"计划①来实现技术创新政策的执行职能，并且为了分离技术创新政策的制定和执行职能，科技部还将公共科技计划的实施工作和国家级高新技术产业开发区的管理工作委托给隶属科技部的事业单位。

科技部下与技术创新密切相关的司级单位有政策法规与监督司、社会发展科技司、创新发展司、基础研究司、高新技术发展及产业化司和农村科技司等。具体来看：①政策法规与监督司又称为创新体系建设办公室，是科技部负责拟定和审核全国技术创新政策、相关法律法规的核心部门。为研究有关知识产权保护和科技体制改革的相关政策，该司专门设有法规与知识产权处和体制改革与创新体系建设处。此外，该司还负责统筹推进技术创新人才队伍建设工作，设计人才专项规划布局。②社会发展科技司研究城市与社会发展领域相关的科技规划，并组织实施相关领域科技项目。与社会发展相关的领域主要包括环境、医药、卫生、公共安全、生物技术等方面。③创新发展司除了参与制定技术创新相关政策和法律法规、管理相关科技项目外，特别负责研究和实施国家创新调查制度、建设国家科技管理专家库、领导国家科技保密工作等。④基础研究司、高新技术发展及产业化司和农村科技司则分别负责组织开展国家基础研究、高新技术和农业农村领域的需求分析和预测、指导技术服务体系建设、制订年度计划并评估计划绩效。此外，科技部还领导 26 个直属事业单位，其中包括相关的技术研究所、交流中心、工作办公室等②。

---

① "3+2"计划包括三个核心研发计划［重点基础研究发展计划（973 计划）、高技术研究发展计划（863 计划）和科技支撑计划］，以及科技创新计划和软科学研究计划。

② 资料来源：中华人民共和国科学技术部官方网站，http：//www.most.gov.cn/zzjg/。

(三) 其他与技术创新管理相关的部门

其他与技术创新管理相关的主要部门有：国家发展和改革委员会、教育部、财政部、商务部、国家税务总局、中国科学院和国家自然科学基金委员会等。

国家发展和改革委员会是一个具有横向协调职能的部门。它为国家技术创新计划的制定提供重要的信息参考，并在计划的实施过程中宏观配置技术创新资源，协调各部门合作。高技术产业司是国家发展和改革委员会下辖的最重要的机构之一，它掌握高技术发展的动态信息，基于对各个高技术产业发展的评估，确定高技术产业部门未来实施技术升级的重点领域，为其制订战略计划、设立投资项目，对加强产业与技术创新之间的联系、培育形成新的经济产业具有重要的作用。

教育部的主要职责是培养技术创新人才队伍、制定人才发展规划，并有效提升科研水平。教育部统一管理全国高等教育和大学的科研工作，近年来大规模扩张了高等教育容量，并调整大学生的学科分布，约40%的大学生的专业方向都是与技术创新相关的学科。教育部联合人事部制定相关政策鼓励研发与创新人才、吸引海外技术创新人才。教育部还通过鼓励校办企业、建设大学科技园、保护知识产权等政策措施推动高等院校科研成果的商业化。

财政部为技术创新活动提供资金支持。它通过制定并基于国家财政政策，为研发和科技基础设施建设投入经费。在具体的资助过程中，国家主要的公共科技计划如"863计划""973计划"，由国家财政部资助，侧重于科技成果商业化的政府引导类计划如"星火计划""火炬计划"，则主要由地方财政局和参与企业资助。

商务部通过规制企业商贸活动影响企业技术创新。例如，商务部会同国家税务总局制定一系列税收政策鼓励企业将科技成果商业化，进而推动企业科技园区、高科技发展园区等的建设。再如，商务部通过限制外国直接投资领域和技术进出口范围来影响国内的技术创新。

中国科学院是中国自然科学的最高学术机构和科学技术最高咨询机构。它隶属于国务院，是中国科学技术研究的核心机构，共有12个分院、100多家科研院所、3所大学、130多个国家级重点实验室和工程中心，承担20余项国家重大科技基础设施的建设与运行①。此外，伴随着中国公共研究机构的改革，中国科学院也承担着科技成果转化的责任。

国家自然科学基金是针对基础科学研究的基金组织。它是国务院直属事业单位，成立于1986年，既为基础研究提供资金支持，又为基础研究的政策制定提供相关信息。国家自然科学基金形成了由研究项目、人才项目和环境条件项目组成的资助格局，以及由面上、重点、重大项目、重大研究计划等构成的资助项目系列。国家自然科学基金下设国家基础科学人才培养基金、青年科学基金、地区科学基金、国家杰出青年科学基金、创新研究群体科学基金等，在培养技术创新人才方面发挥着重要的作用。

二、俄罗斯

俄罗斯的技术创新管理机构体系承袭了苏联的体系。随着经济转轨，虽然俄罗斯在一定程度上保留了苏联时期的特点，但也发生了许多新的变化，之前由国家计划宏观控制技术创新系统的局面逐渐在改变。从1991年苏联解体至今，俄罗斯不断出现新的技术创新管理机构，其中有一些机构已经在成立不久后消失，如科技政策部（1993~1996年）、国家科技委员会（1996~1997年）、科技部（1997~2000年）、工业和科技部（2000~2004年）等。经过一系列的改组和调整，当前俄罗斯的技术创新管理机构体系大致分为三个层次（见图4-2）：①俄罗斯联邦政府；②技术创新活动参与管理部委，包括教育和科学部等其他与技术创新相关的部委；③科研系统，包括科学院、高校和企业科研机构以及技术创新中心和其他科研服务组织②。

（一）俄罗斯联邦政府

俄罗斯联邦政府是俄罗斯技术创新活动管理和政策制定的领导核心。其主要职责是制定国家技术创新远景战略规划、为鼓励和规范技术创新活动制定相关政策、提供技术创新相关经费或融资渠道、协调各部门运作与培养技术创新人才

---

① 资料来源：中国科学院官方网站，http://www.cas.cn/zz/。
② 柳卸林，段小华. 转型中的俄罗斯国家创新体系［J］. 科学学研究，2003，21（3）：325-329.

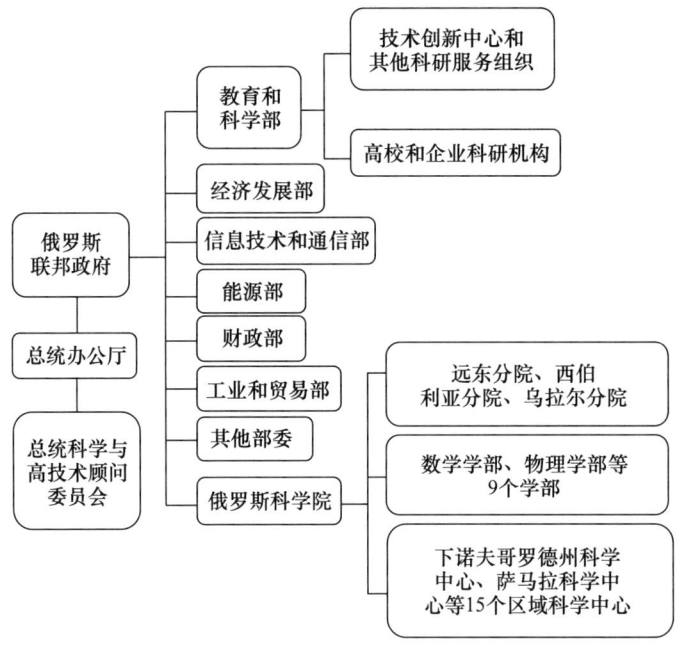

图4-2 俄罗斯主要技术创新管理机构

资料来源：作者根据相关资料整理自制。

队伍等。联邦政府还于2001年设立了总统科学与高技术顾问委员会，该机构直接隶属于总统办公厅管理，是一个专门为总统提供技术创新政策咨询服务的机构。总统科学与高技术顾问委员会由总统、科学院主席、高等院校校长及科学家组成，针对国家最重要的技术创新管理问题提供政策建议。这一机构的设立改变了苏联时期各技术创新相关部门的隧道视野，增进了部门间的协调和交流。

(二) 技术创新活动参与管理部委

教育和科学部是参与技术创新活动管理的主要部委。这一部委的设立思路来源于俄罗斯在2000年设立的工业和科学部。当时，俄罗斯为了较好地解决技术创新与工业生产脱节的问题，将之前的科学技术部、经济部和国家安全委员会合并，成立了新的工业和科学部，促进了技术创新与经济建设的交融。该部已于2004年取消。同样基于突出技术创新应用的理念，俄罗斯于2004年将技术创新系统与教育系统合并，成立了教育和科学部。该部委对全国技术创新活动进行综合管理，协助制定技术创新战略规划和方针政策，代表决策机构监督政策执行，专门负责强化技术创新教育、建设技术创新人才队伍。其他与技术创新相关的部委还有经济发展部、信息技术和通信部、能源部、财政部、工业和贸易部等，分别负责不同领域的技术创新事务。

（三）科研系统

科学院是俄罗斯科研系统的主要构成机构。在经济转轨中，俄罗斯禁止将科学院私有化，将其定位为从事基础研究和对国民经济有重大影响的技术研究组织。俄罗斯有六大国家级科学院——俄罗斯科学院、俄罗斯医学科学院、俄罗斯农业科学院、俄罗斯教育科学院、俄罗斯设计与建筑科学院和俄罗斯艺术科学院，其中俄罗斯科学院是俄罗斯的最高科研机构。俄罗斯科学院结构庞大，包括3个分院、9个学部和15个区域科学中心。它直接接受联邦政府预算支持，由联邦政府直接管理，主要从事与经济社会发展有直接关系的、对技术进步有重要影响的基础研究，并推动科研成果在经济建设中的充分应用。为了促进科技成果转化，专门设立了俄罗斯科学院创新署，用以将具有商业价值的科研成果商业化①。

俄罗斯经济转轨以来，科研机构的所有制发生了变化，由原来单一的国有制发展成为以国有制为主、多种所有制共存，企业和高等院校逐渐拥有了独立的科研机构，促进了俄罗斯的基础研究自由化②。此外，俄罗斯还在科技部、教育部、促进科技型小企业发展基金等跨部门的规划框架下，成立了一系列由国家财政支持的技术创新中心、科学城等科研服务机构，负责完善研发成果和科技成果商业化，加强了产学研联系。例如，2010年，俄罗斯成立了斯科尔科沃创新中心，到2012年已与1000多家企业签署合作协议，571家企业虚拟入驻③，被誉为"俄罗斯硅谷"。

为了向国家科研活动提供经费支持，俄罗斯不仅设立了多个国内基金，还同时充分利用了国外基金的资助。国内基金主要有基础科学基金、人文社科基金、

---

① 周立斌，宋兆杰. 俄罗斯科学院今昔［J］. 科技管理研究，2010（16）：247-251.
② 戚文海. 经济转轨国家的国家创新体系评析——以俄罗斯为研究案例［J］. 俄罗斯中亚东欧研究，2005（5）：37-45.
③ 资料来源：中华人民共和国商务部官方网站，http：//www.mofcom.gov.cn/aarticle/i/jyjl/m/201208/20120808265621.html.

促进科技型小企业发展基金和联邦生产创新基金。特别要说明的是,俄罗斯重视中小型企业的发展,专门设立鼓励中小企业技术创新的促进科技型小企业发展基金;联邦生产创新基金特别关注高新技术研发,每年固定地将科研经费预算中的1%投入到对经济社会发展有重要意义的高新技术项目中。国外基金主要有新欧亚基金、福特基金、索罗斯基金等,这些基金每年对俄罗斯提供1.5亿~2亿美元的资助,它们在为俄罗斯技术创新发展提供经费支持的同时,也在一定意义上影响了俄罗斯技术创新政策方向。

三、印度

印度的技术创新管理机构体系是一个由中央政府领导、以科技部为核心、有产业导向的、重视基础研究和科技咨询的系统,如图4-3所示。

(一)印度联邦政府

印度联邦政府是技术创新的主管机构,全面负责印度技术创新事务。2003年,印度颁布了《科学技术政策》,提出要推动政府科技管理体制创新,更好地发挥政府在国家技术创新体系建设中的领导作用。为此,联邦中央政府需要组建由产业界代表、技术专家代表和科技部代表组成的科技顾问机构,帮助中央政府制定技术创新相关决策。当前,全国改革印度协会①直接为总理提供技术创新政策建议,并且印度设有总理科技顾问和内阁首席科技顾问二职,分别为印度总理和内阁部长提供技术创新政策咨询。

(二)科技部

在中央政府下辖的各部中,科技部是参与印度技术创新管理最主要的部门。印度各部的部长共分为三个职位级别,从高到低分别为内阁部长、国务部长和其他普通部长,其中内阁部长可以直接参与制定中央决策。2011年,印度为了加强科技部对技术创新的管理职能,提升了科技部长的管理级别,将国务部长提升

---

① 印度政府于2015年1月撤销了之前为中央政府提供技术创新政策建议的原"国家计划委员会",并由"全国改革印度协会"取而代之。

为内阁部长，体现了印度在新的经济形势下对科技工作的重视。

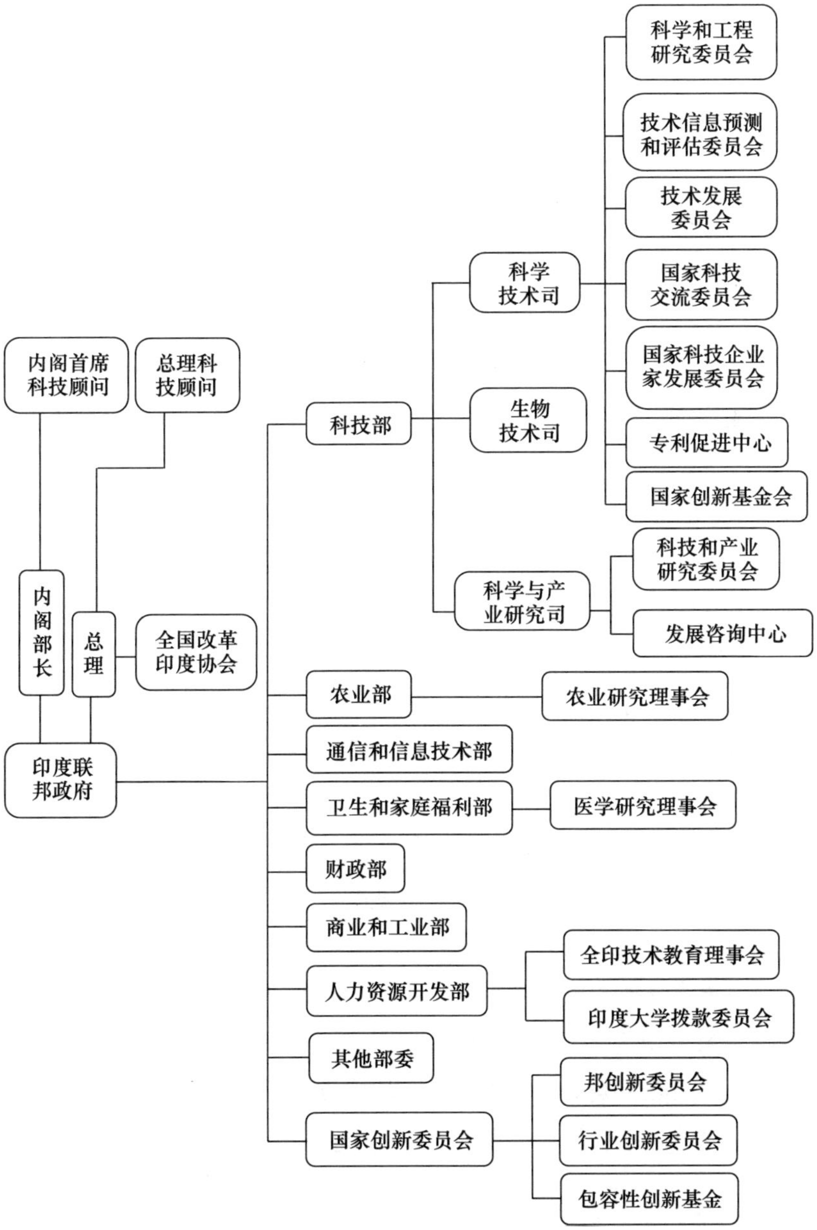

图 4-3 印度主要技术创新管理机构

资料来源：作者根据相关资料整理自制。

印度科技部下设有三个司：科学技术司、科学与产业研究司和生物技术司。科学技术司是科技部的核心，其职责是基于不断变化的国际趋势确定重点研究领域，开拓新的研究领域，制定国家研发政策，促进并协调国内外各地区的技术创新合作。该司也是印度科研资源和科技咨询资源密度最大的部门，直接管理着20多个国家级基础研究实验室，拥有国家大部分科研项目经费审批权，下设技术信息预测和评估委员会、技术发展委员会、国家科技企业家发展委员会、专利促进中心等多个机构，全面覆盖了技术研究的各个环节。科学与产业研究司旨在促进科研成果与产业发展的结合，推动科技成果转化进程。该司也同样设有相应的科研机构和科技咨询机构。生物技术司的设立则旨在促进生物技术产业领域的科研发展，特别是加速和协调公共与私人科研活动的合作。生物技术司下设多个研究中心，如国家免疫学研究所、国立细胞科学研究所等多个国家级重点实验室①。

(三) 其他与技术创新管理相关的部门

印度中央政府下辖51个内阁部门②，除科技部外，与技术创新相关的其他主要部门还有农业部、通信和信息技术部、卫生和家庭福利部、财政部、商业和工业部、人力资源开发部等。印度在技术创新管理方面十分重视技术创新基础研究和政策咨询，因此在多个与技术创新相关的部门下均又设有研究理事会、研究所和高级科学顾问机构，如农业部下设农业研究理事会、卫生和家庭福利部下设医学研究理事会等。各部门均由一位秘书长作为部长代表，在各研究理事会和科学顾问机构的协助下，主持不同领域的技术创新研发活动，且其领导下的理事会负责设计各领域的技术创新政策。

为了进一步增强技术创新管理的协调性，印度原计划委员会于2009年设立了一个创新专家组统筹协调技术创新管理。2010年，在创新专家组的基础上，印度又成立了国家创新委员会。该委员会的成员由学术界代表、研究机构代表和产业界代表组成。国家创新委员会的工作集中在以下五个方面：①创立印度包容

---

① 邱举良. 透视印度科技研发现状 [EB/OL]. http：//news. sciencenet. cn/html/showxwnews1. aspx? id = 209420，2008 - 07 - 24/2015 - 01 - 29.
② 高洁. 印度中央政府机构 [EB/OL]. http：//www. scopsr. gov. cn/gjdt/201303/t20130308_210058. html，2013 - 03 - 8/2015 - 01 - 29.

性创新基金,增强技术创新资助机构职能。该基金总额为500亿卢比,由印度联邦政府、银行、保险机构、金融机构、国际发展机构和私人共同投入,专门鼓励中小微企业的技术创新。②设立邦和行业创新委员会。创新委员会鼓励在全国各邦及各个行业建立创新委员会,构建全面的创新组织体系。③建立跨部门合作的机制。创新委员会在邦层面和行业层面强调跨地区和跨行业的技术创新合作,如创新委推动喀拉拉邦与中央邦的创新合作。④建立产业创新集群中心和大学创新集群中心。印度创新委、中小微企业部、地方政府产业研究部门共同建设产业集群,鼓励中小微企业创新,并在德里大学和瓦多达拉萨亚基劳王公大学创立了两个大学集群创新中心。⑤强化技术创新宣传。创新委员会每年出版一册《向人民报告》,向社会传递创新信息,调动了民间的创新热情①。

四、巴西

20世纪90年代以前,巴西的技术创新管理机构设置比较单一。1951年,巴西设立了国家科研理事会。该理事会是巴西当时科学技术领域的最高决策机构,负责各个社会领域的知识研究和管理。在20世纪50~70年代,巴西以航天、原子能和计算机领域的发展最为突出,设有宇航研究所、原子能委员会和电子程序活动协调机构,为巴西航天、原子能和计算机领域提供重要的知识与技术;分别设立于1964年和1969年的国家科技发展基金和支持技术基金为技术研发提供资金支持。20世纪70年代末期,国家科研理事会更名国家科技发展理事会,直属于巴西联邦政府,负责参与制定全国科技政策,管理全国研发机构。1984年,巴西设立了创新技术研究协会以加强政府与产学研的联系,将技术创新领域的知识研究独立了出来。1985年,巴西正式成立科学技术部,研究并参与制定全国范围内的技术创新政策、规划技术创新活动发展、协调各级科学研究部门、推动科技界与产业界一体化发展等。为了进一步加强产学研合作,1989年,巴西还合并了科学技术部与工商部,成立了工商科技发展部。

20世纪90年代至今,巴西逐渐发展和建立了相对完善、以巴西联邦政府为

---

① 封颖,徐峰,许端阳等.新兴经济体中长期科技创新政策研究——以印度为例[J].中国软科学,2014(9):182-192.

主导的技术创新管理机构体系，如图 4-4 所示。

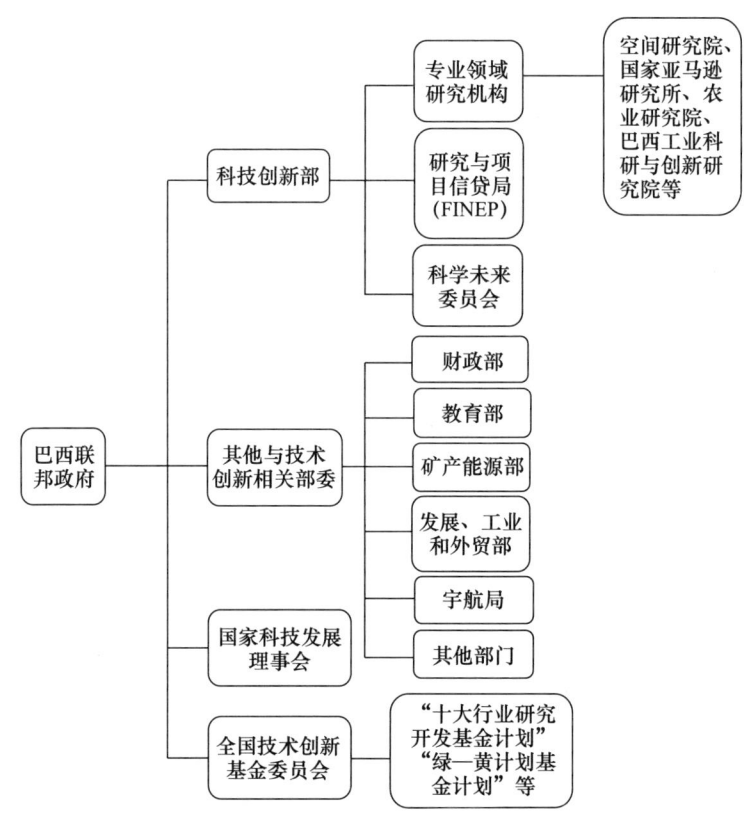

图 4-4　巴西主要技术创新管理机构

资料来源：作者根据相关资料整理自制。

巴西采用政府主导型的技术创新模式，其联邦政府在国家技术创新活动管理中发挥着重要的领导和协调作用。巴西联邦政府的主要职责有：①制定全国范围内的技术创新政策，确定技术创新优先发展领域，领导、组织和监督全国研发项目，特别是重大研发项目的实施及效果评估；②为全国研发项目提供资金支持；③管理下属研究机构从事具体的研究与开发活动。不仅是巴西联邦政府，各州政府也同样对地方技术创新活动起着主导性作用。各州政府负责制定各州技术创新相关法律法规，为各州研究机构和高校提供研发经费并培养技术创新人才。巴西联邦政府的主导性作用有利于巴西集聚国家技术创新资源，实现重点产业的技术突破，但也限制了巴西内部的技术创新活力。当前，巴西正在不断调整与改革，力求将技术创新从联邦政府及州政府的行动体系中剥离出来，调动企业积极性，建立以企业为主体的技术创新体系。

科学技术与创新部（以下简称科技创新部）是巴西最主要的负责管理技术创新活动的部门。该部的前身为1985年创立的科学技术部，经1989年与工商部合并为工商科技发展部，后与工商部分离独立，并于2011年更名为"科学技术与创新部"。其主要任务有：搜集技术创新信息、资助研发项目、参与制定国家技术创新政策、推进巴西技术创新国际合作与交流等。为了加强基础研究并推进产学研合作，科技创新部下设一系列专业领域研究机构，如国家空间研究院、国家亚马逊研究所、农业研究院、巴西工业科研与创新研究院等，这些科研机构的建立一方面旨在推动研发，另一方面旨在促进实验室和企业之间的联系。由科技创新部直接领导的巴西研究与项目信贷局为各个科研机构的技术创新项目提供融资帮助，使科研项目与科研经费相配套。此外，巴西科技创新部还成立了巴西科学未来委员会，是科技创新部的科技咨询机构，为其提供相关政策建议。

除科技创新部外，由联邦政府领导的、与技术创新相关的部委还有财政部、教育部、矿产能源部、发展工业和外贸部、宇航局等。这些部委负责各自领域的技术创新活动，单独或与联邦政府、科技创新部等其他部门联合颁布技术创新政策。

国家科技发展理事会是一个跨部门组织，由联邦政府直接领导。该理事会的职责是为联邦政府提供重大科技问题咨询、帮助联邦政府制定技术创新政策和宏观规划、对重大科技项目进行监督和执行效果评估等。国家科技发展理事会的设立有效地整合了不同部门的科技资源，避免了科技资源的"碎片化"，发挥了对技术创新活动的宏观管理和政策指导作用。

此外，巴西联邦政府还设立了全国技术创新基金委员会，专门负责管理各项技术创新基金相关事务，如巴西"十大行业研究开发基金计划"和"绿—黄基金计划"等①。

---

① 卢立峰，李兆友. 巴西技术创新政策演化及启示［J］. 技术与创新管理，2010，31（3）：261－263.

五、南非

南非政府提出技术创新体系应当实现六大职能：①合理分配公共资源，制定技术创新政策；②各部门协调合作；③为技术创新项目提供资金支持；④鼓励各类创新主体，特别是中小微企业开展创新项目；⑤培养创新人才；⑥为技术创新活动提供基础设施①。以六大职能为引导，南非建立了比较完备的技术创新机构体系，如图4-5所示。

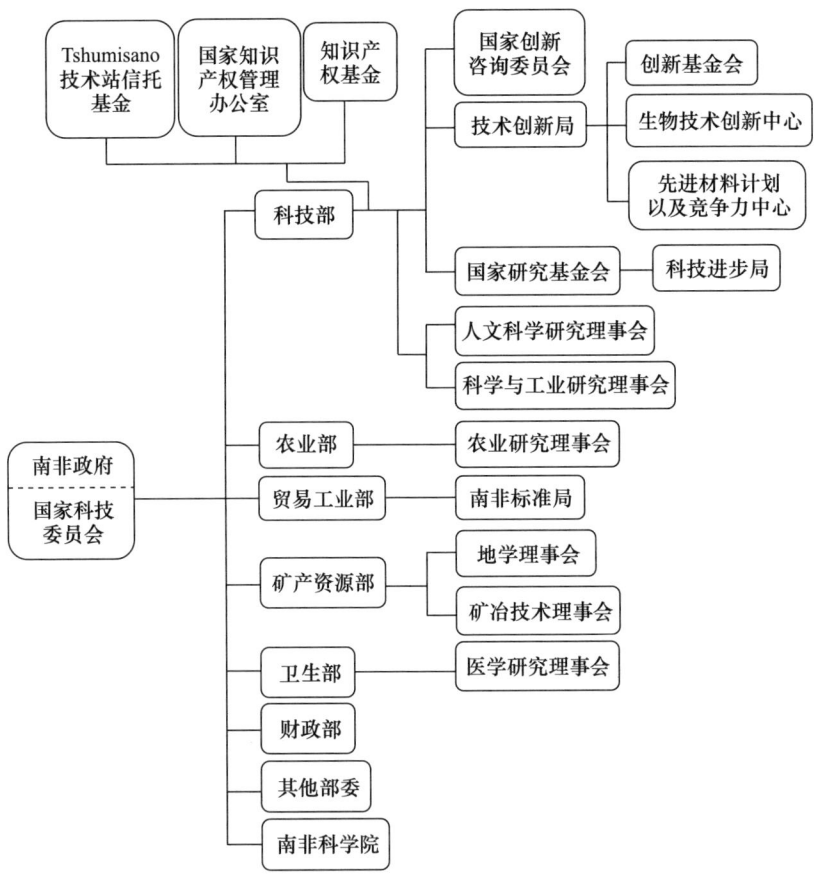

图4-5　南非主要技术创新管理机构

资料来源：作者根据相关资料整理自制。

---

① 常江. 简介南非国家创新体系[J]. 全球科技经济瞭望，1999（12）：38-39.

南非最高技术创新管理机构分为立法和执法两个层面。立法层面,议会是南非最高的立法机构,由议会下设的科技分会负责技术创新领域的立法工作。执法层面,由国家科技委员会负责执法。该委员会是南非最高科技领导机构,负责技术创新政策协调和信息普及工作,由南非副总统担任委员会主席。

南非科技部是技术创新主管部门。科技部的职责为:参与制定技术创新政策,协调技术创新相关各部门工作,为科研活动确定重点领域并提供战略指导,推动科技成果转化,建设技术创新人才体系。科技部下辖的与技术创新密切相关的机构主要有:国家创新咨询委员会、技术创新局、创新基金会和国家研究基金会。

国家创新咨询委员会是南非科技部的政策咨询机构。它的职责除了向科技部就科技体制、资金分配等方面的问题提供政策建议外,还负责评估国家创新体系工作以及跟踪国际技术创新发展动向从而作出早期预警。该委员会具有很强的代表性和综合性,其成员不仅包括来自政府部门、高等院校、产业界等的代表,还包括自愿申报加入的社会各界人士。

技术创新局于2008年组建,隶属于科技部,旨在进一步提升南非技术创新能力,增强技术创新发展对经济建设的作用。该局直接领导创新基金会、生物技术创新中心、先进材料计划以及竞争力中心等部门,其职责在于评估技术创新价值链的投资机会、审核所有的创新计划、为技术创新发展提供平台等。

创新基金会为技术创新项目提供资金支持,旨在实现研发成果的商业化。南非近年对技术创新经费分配制度进行了调整,规定除了国家主要创新经费需要由议会审批外,其他经费通过创新基金会的竞投程序即可分配。创新基金会重点针对信息和通信技术、基于分子研究的生物技术、动植物技术和新材料技术四个领域提供支持。此外,为了保障创新基金的可持续发展,基金会要求企业返还部分技术创新项目的商业化利润。

国家研究基金会的前身是南非研究与发展理事会和人文与科学理事会。该基金会的资助对象主要是各个技术领域的基础研究和应用研究,除此以外该基金会的经费也用于培养技术创新人才、基础设施建设等。国家研究基金会下辖南非科技进步局等多个科技研究所。

---

① 前身为1994年成立的人文艺术科技部,后于2002年分为文艺部和科技部两个独立部门。

科技部还设立了其他推动技术创新发展的机构。2002年，南非科技部、南非理工学院院长委员会和德国技术合作署共同设立Tshumisano技术站信托基金，该基金专门为南非中小微企业建立技术创新站，为其提供相关的技术服务；2008年，科技部在《公共资助研究知识产权法》的指导下创建了国家知识产权管理办公室和知识产权基金，鼓励公共研究机构创新，推动知识产权商业化。

科研机构层面，南非拥有八大国家级科学理事会、多家商业研究机构和研究性非政府组织。八大国家级科学理事会有：科技部下的人文科学研究理事会，科学与工业研究理事会和国家研究基金会，农业部下的农业研究理事会，贸易工业部下的南非标准局，矿产资源部下的地学理事会和矿冶技术理事会，以及卫生部下的医学研究理事会。八大国家级科学理事会同时接受所属部门和科技部的双重领导，不仅承担国家的科研项目，也为企业进行课题研究。南非其他的主要研究机构还有南非科学院，它是唯一代表南非的国家科学院，主管学术交流和院士选拔工作①。

第二节 政策概览

"根政策"是指对该国技术创新发展具有重要阶段性影响的纲领性政策，"干政策"是指受到相应"根政策"指导的、对技术创新活动做出具体安排和部署的政策。本节从书中涉及的金砖国家技术创新政策数据库中梳理出金砖国家主要的技术创新"根政策"。

一、中国

中国技术创新政策涉及领域广泛，注重多重目标的实现。中国的根政策通常由全国人大、中央办公厅、国务院等部门颁布，干政策的颁布部门通常涉及国务

---

① 谢成锁，安建基. 南非国家创新体系建设的新进展[J]. 全球科技经济瞭望，2010，25（7）：22-28.

第四章 金砖国家技术创新政策概览

院、科技部、教育部、财政部、发改委、国税局等多个部门。表4-1列举了最具代表性的12条根政策及其干政策。

表4-1 中国主要根政策、干政策

序号	根政策	主要干政策
1	《中华人民共和国科学技术进步法》(1993)	《新产品新技术鉴定验收管理办法》(1997);《关于促进科技成果转化的若干规定》(1999);《关于鼓励和促进中小企业发展的若干政策意见》(2000);《国家科技计划实施中科研不端行为处理办法（试行）》(2006);《国家科技计划实施中科研不端行为处理办法（试行）》(2007);《国家海洋局工程技术研究中心管理办法（试行）的通知》(2010);2012年《关于支持科技成果出资入股确认股权的指导意见》(2012);等等
2	《中共中央、国务院关于加速科学技术进步的决定》(1995)	《关于贯彻〈中共中央、国务院关于加速科学技术进步的决定〉和〈全国科学技术大会精神的意见〉的通知》(1995);《关于加速实施技术创新工程形成以企业为中心的技术创新体系的意见》(2000);等等
3	《关于加强技术创新,发展高科技,实现产业化的决定》(1999)	《中共中央国务院〈关于加强技术创新,发展高科技,实现产业化的决定〉有关税收问题的通知》(1999);《关于鼓励和促进中小企业发展的若干政策意见》(2000);《关于非营利性科研机构管理的若干意见（试行）》(2000);等等
4	《中华人民共和国中小企业促进法》(2002)	《国务院关于鼓励支持和引导个体私营等非公有制经济发展的若干意见》(2005);《关于加强中小企业信用担保体系建设意见的通知》(2006);《国家工程研究中心管理办法》(2007);《关于进一步加强高技能人才工作的意见》(2009);《科技企业孵化器认定和管理办法》(2010);《中小企业信用担保资金管理办法》(2012);等等
5	《国家发展改革委办公厅关于组织实施国家重大产业技术开发专项的通知》(2004)	《关于组织实施"大型石油、天然气和煤化工及新型催化关键技术"国家重大产业技术开发专项的通知》(2005)等

续表

序号	根政策	主要干政策
6	《国务院关于鼓励支持和引导个体私营等非公有制经济发展的若干意见》(2005)	《关于非公有制经济参与国防科技工业建设的指导意见》(2007)；《国务院关于鼓励和引导民间投资健康发展的若干意见》(2010)；等等
7	《国家中长期科学和技术发展规划纲要(2006—2020年)》(2006)	《国民经济和社会发展第十一个五年规划纲要》(2006)；《关于加强和改善对高新技术企业保险服务有关问题的通知》(2006)；《关于进一步支持出口信用保险为高新技术企业提供服务的通知》(2006)；《国家自主创新基础能力建设"十一五"规划》(2007)；《高新技术企业认定管理办法》(2007)；《企业研究开发费用税前扣除管理办法（试行）》(2008)；等等
8	《中共中央、国务院关于实施科技规划纲要增强自主创新能力的决定》(2006)	《关于进一步加强高技能人才工作的意见》(2006)；《关于企业技术创新有关企业所得税优惠政策的通知》(2006)；《关于商业银行改善和加强对高新技术企业金融服务的指导意见》(2006)；《国家高技术研究发展计划（863）专项经费管理办法》(2006)；《关于提高知识产权信息利用和服务能力推进知识产权信息服务平台建设的若干意见》(2006)；《关于国家大学科技园有关税收政策问题的通知》(2007)；《自主创新产品政府采购预算管理办法》(2007)；《关于支持中小企业技术创新若干政策》(2007)；《关于在重大项目实施中加强创新人才培养的暂行办法》(2007)；《教育部关于进一步加强引进海外优秀留学人才工作的若干意见》(2007)；《关于印发〈政府采购进口产品管理办法〉的通知》(2007)；《关于促进自主创新成果产业化若干政策的通知》(2008)；《关于加快研究型大学建设增强高等学校自主创新能力的若干意见》(2008)；《关于进一步加大对科技型中小企业信贷支持的指导意见》(2009)；《关于印发促进科技和金融结合试点实施方案的通知》(2010)；《加强区域产业创新基础能力建设工作指导意见》(2010)；《科技企业孵化器认定和管理办法》(2010)；等等
9	《国务院关于进一步促进中小企业发展的若干意见》(2009)	《关于促进中小企业公共服务平台建设的指导意见》(2010)；《关于进一步做好中小企业金融服务工作的若干意见》(2010)；等等

续表

序号	根政策	主要干政策
10	《国家中长期人才发展规划纲要（2010—2020年）》（2010）	《关于为海外高层次引进人才提供相应工作条件的若干规定》（2012）；《关于海外高层次引进人才享受特定生活待遇的若干规定》（2012）；《外国人在中国永久居留享有相关待遇的办法》（2012）；等等
11	《国家中长期教育改革和发展规划纲要（2010—2020年）》（2010）	《关于加快发展现代职业教育的决定》（2014）；《义务教育学校管理标准（试行）》（2014）；等等
12	《中共中央国务院关于深化科技体制改革、加快国家创新体系建设的意见》（2014）	《关于深化中央财政科技计划（专项、基金等）管理改革的方案》（2014）等

资料来源：作者根据相关资料整理自制。

（一）《中华人民共和国科学技术进步法》（1993）

为了促进科学技术进步，发挥科学技术第一生产力的作用，促进科学技术成果向现实生产力转化，推动科学技术为经济建设和社会发展服务，1993年中国人大常委会第二次会议通过了《中华人民共和国科学技术进步法》，鼓励技术开发与科技成果转化。在该法的引导下，中国又颁布了一系列政策从不同方面促进科技进步。例如，为规范新产品、新技术鉴定验收工作，强化技术创新管理，促进先进实用新产品的生产和新技术的有效推广应用，颁布了《新产品新技术鉴定验收管理办法》（1997）；为了鼓励科研机构、高等学校及其科技人员研究开发高新技术，转化科技成果，发展高新技术产业，制定了《关于促进科技成果转化的若干规定》（1999）；为切实加大对中小企业特别是高新技术类中小企业的扶持力度，促进中小企业健康发展，制定了《关于鼓励和促进中小企业发展的若干政策意见》（2000）；等等。

(二)《关于加强技术创新,发展高科技,实现产业化的决定》(1999)

为了把加速科技进步放在经济社会发展的关键地位,进一步深化改革,1999年中国中共中央、国务院颁布《关于加强技术创新,发展高科技,实现产业化的决定》,努力建成有利于科技成果转化的体制和机制,加强技术创新,发展高科技,实现产业化。为进一步落实该决定精神,鼓励技术创新和高新技术企业的发展,制定了《〈中共中央国务院关于加强技术创新,发展高科技,实现产业化的决定〉有关税收问题的通知》(1999);为切实加大对中小企业特别是高新技术类中小企业的扶持力度,促进中小企业健康发展,制定了《关于鼓励和促进中小企业发展的若干政策意见》(2000);为深化科研机构管理体制改革,加强社会公益科研工作,增强为经济建设和社会发展服务的活力,制定了《关于非营利性科研机构管理的若干意见(试行)》(2000);等等。

(三)《国家中长期科学和技术发展规划纲要(2006—2020年)》(2005)

为增强自主创新能力、基础科学和前沿技术研究综合实力,使中国进入创新型国家行列,并在21世纪中叶成为世界科技强国奠定基础,2005年中国国务院颁布实施了《国家中长期科学和技术发展规划纲要(2006—2020年)》。在该规划纲要的指引下,为全面贯彻落实科学发展观,尽快实现科技强国目标,制定了《国民经济和社会发展第十一个五年规划纲要》(2006);为加强出口信用保险对自主创新的支持,进一步促进出口信用保险为高新技术企业提供服务,制定了《关于进一步支持出口信用保险为高新技术企业提供服务的通知》(2006);为鼓励企业开展研究开发活动,规范企业研究开发费用的税前扣除及有关税收优惠政策的执行,制定了《企业研究开发费用税前扣除管理办法(试行)》(2008);等等。

(四)《国家中长期人才发展规划纲要(2010—2020年)》(2010)

为了建立人才竞争比较优势,培养和造就规模宏大、结构优化、布局合理、素质优良的人才队伍,2010年中国中共中央、国务院颁布了《国家中长期人才发展规划纲要(2010—2020年)》。该政策确立了中国人才竞争比较优势,为中国在21世纪中叶基本实现社会主义现代化奠定了人才基础。此后,在该政策的引导下，先后颁布了《关于为海外高层次引进人才提供相应工作条件的若干规定》(2012)、《关于海外高层次引进人才享受特定生活待遇的若干规定》(2012)、《外国人在中国永久居留享有相关待遇的办法》(2012) 等以加强对海外优秀人才的引进。

（五）《国家中长期教育改革和发展规划纲要（2010—2020年）》（2010）

为了全面贯彻党的教育方针，坚持教育为社会主义现代化建设服务，为人民服务，使教育与生产劳动和社会实践相结合，培养德智体美全面发展的社会主义建设者和接班人，2010年中国国务院颁布实施了《国家中长期教育改革和发展规划纲要（2010—2020年）》。为了进一步落实规划纲要精神，施行教育改革，发展教育事业，颁布了《关于加快发展现代职业教育的决定》（2014）、《义务教育学校管理标准（试行）》（2014）等。

二、俄罗斯

俄罗斯技术创新旨在调动国家科技潜力，其根政策强调对国家各个领域的协调。俄罗斯的根政策主要由俄罗斯人民代表大会、俄罗斯联邦政府、教育和科学部等颁布，干政策主要由信息技术和通信部、财政部、工业和贸易部、科学与创新政策跨部门委员会、总统科学与高技术顾问委员会等部门颁布。表4-2列出了俄罗斯最具代表性的6条根政策及其干政策。

表4-2 俄罗斯主要根政策、干政策

序号	根政策	主要干政策
1	《俄罗斯关于科学和国家科学技术政策联邦法》（1996）	《加强公众对俄罗斯科学的支持紧急措施决定》（1997）；《创造条件吸引创新投资的决议》（1998）；《联邦执行机构和商业组织建立和使用预算外资金以资助研究和实验程序规定》（1999）；等等
2	《俄罗斯联邦2010年前后科技发展政策框架》（2002）	《2002—2010年俄罗斯联邦电子专项纲要》（2002）；《俄罗斯联邦科学和技术领域的国家投资政策的主要方向》（2002）；《国家2002—2006年科技基础目标计划修订和增补决议案》（2002）；《俄罗斯到2010年创新体系发展政策的主要优先事项》（2005）；等等

续表

序号	根政策	主要干政策
3	《俄罗斯联邦直到2015年科学和创新发展战略》(2006)	《2006—2008年期间俄罗斯联邦科学和创新发展战略的行动计划》(2006);《2007—2011年国家科技基地联邦目标计划》(2006);《俄罗斯2007—2012年科技研发优先方向目标计划条例》(2006);《俄罗斯联邦2007—2013年科技研发优先领域目标计划》(2007);《俄罗斯联邦2008—2011年纳米产业基础设施发展目标计划》(2007);《2008—2015年电子元器件及电子产品发展的联邦计划》(2007);《融合俄罗斯联邦教育和科学联邦法修订案》(2007);等等
4	《俄罗斯联邦至2020年期间长期社会经济发展纲要》(2008)	《2020年前俄罗斯联邦北极地区国家政策原则及远景规划》(2008);《教育和科学部国际教育合作协议》(2009);《教育和科学部现有的国家科技合作协议》(2009);等等
5	《到2020年期间俄罗斯联邦创新发展战略》(2010)	《到2020年俄罗斯联邦节能和能源效率国家方案》(2010);《国家支持俄罗斯高等教育机构实施复杂高科技生产项目发展措施决定》(2010);《国家对高等教育机构的创新基础设施的支持决定》(2010);《俄罗斯政府委员会确定建立高技术和创新平台决定》(2011);《关于批准为科技领域创新型企业提供国家组织基金的决定》(2011);《关于批准为科技领域创新型企业提供国家组织基金的决定》(2012)
6	《俄罗斯联邦2013—2020年科学和技术发展方案》(2012)	《到2020年俄罗斯联邦原子能机构创新发展和技术现代化计划》(2012);《工业和贸易部2013—2025年航天业发展规划》(2012);《俄罗斯联邦生物技术到2020年发展综合方案》(2012);《关于教育和科学领域的国家政策实施办法》(2012);《为科学技术领域的创新型企业提供基金支持条例修改案》(2012);《俄罗斯公司收到纳税人补助支持科技教育政府法令》(2013);《国家对开放科研竞赛吸引优秀科研人员的决定》(2013);《教育和科学部提高科研人员到2015年国际期刊索引比例办法》(2013);等等

资料来源:作者根据相关资料整理自制。

(一)《俄罗斯关于科学和国家科学技术政策联邦法》(1996)

为了促进合理分配和有效利用科技能力,提高科技在国民经济发展中的贡献，1996年俄罗斯联邦委员会颁布了《俄罗斯关于科学和国家科学技术政策联邦法》，用于调节科技活动主体、国家权力机关与科技产品需求者之间的关系，并确定了国家科技政策的原则与制定程序。在该法的引导下，俄罗斯又相继颁布了一系列政策。例如，为了吸引公众投入到科学创新活动中，制定了《加强公众对俄罗斯科学的支持紧急措施决定》（1997）；为了吸引创新活动资金，制定了《创造条件吸引创新投资的决议》（1998）；为了对执行机构和商业组织使用预算外资金支持科研活动做出具体规定，制定了《联邦执行机构和商业组织建立和使用预算外资金以资助研究和实验程序规定》（1999）。

（二）《俄罗斯联邦2010年前后科技发展政策框架》（2002）

为了促进经济发展、扩大创新内需，俄罗斯联邦政府于2002年颁布实施了《俄罗斯联邦2010年前后科技发展政策框架》，制定了发展基础科学和重要的应用研究、建立国家创新体系、保持和发展科技人才潜力、科学和教育一体化、发展国际科技合作等九项方针。以该政策为基础，俄罗斯先后制定了较为全面的配套政策。为促进信息共享，提高公共行政效率，制定了《2002—2010年俄罗斯联邦电子专项纲要》（2002）；为保障国家重大创新项目的实施，制定了《俄罗斯联邦科学和技术领域的国家投资政策的主要方向》（2002）；为确保有竞争力的高科技产品的生产，满足社会经济发展和国家安全优先事项的需要，制定了《国家2002—2006年科技基础目标计划修订和增补决议案》（2002）；为了依托创新体系实现经济增长，制定了《俄罗斯到2010年创新体系发展政策的主要优先事项》（2005）；等等。

（三）《俄罗斯联邦直到2015年科学和创新发展战略》（2006）

为了创建均衡的研发创新系统，发展现代化的科学技术潜力，俄罗斯教育和科学部于2006年联合颁布了《俄罗斯联邦直到2015年科学和创新发展战略》，提出重点发展信息技术、纳米技术等相关领域。后在此发展战略的基础上制定了众多子计划，如《2006—2008年期间俄罗斯联邦科学和创新发展战略的行动计划》（2006）、《2007—2011年国家科技基地联邦目标计划》（2006）、《俄罗斯联邦2007—2013年科技研发优先领域目标计划》（2007）、《俄罗斯联邦2008—2011年纳米产业基础设施发展目标计划》（2007）、《2008—2015年电子元器件及电子产品发展的联邦计划》(2007)等,共同提升俄罗斯创新能力。

(四)《到2020年期间俄罗斯联邦创新发展战略》(2010)

为进一步提高技术创新能力,增加创新活动数量,完善创新体系建设,提高国家创新体系建设和经济的透明度,俄罗斯经济发展部在2010年制定了《到2020年期间俄罗斯联邦创新发展战略》。在该战略的引导下,俄罗斯相继制定了一系列子计划。例如,为了推进产学研合作,鼓励建立新企业,制定了《国家对高等教育机构的创新基础设施的支持决定》(2010);为支持现代化创新的发展,制定了《俄罗斯政府委员会确定建立高技术和创新平台决定》(2011);为了营造小型创新企业技术创新氛围,有效发挥科学和技术潜力,制定了《关于批准为科技领域创新型企业提供国家组织基金的决定》(2011);等等。

三、印度

印度的技术创新政策具有明显的产业导向性,其根政策重点关注信息、医药等产业。根政策颁布机构主要有印度议会、印度联邦政府、科技部、信息技术部等,干政策的颁布机构主要有财政部、农业部、商业与工业部、工业政策和促进部、电子和信息技术部、航空部、法律与司法部、生物技术部等。表4-3列举了印度最具代表性的5条根政策及其干政策。

表4-3 印度主要根政策、干政策

序号	根政策	主要干政策
1	《新技术政策声明》(1993)	《新技术政策(草案)》(1993);《2020年科技远景发展规划》(1998);等等
2	《信息技术法》(2000)	《印度信息技术行动计划》(2000);《信息技术(认证机构)规则》(2000);《网络规制上诉庭(程序)规则》(2000);《电子信息技术产品法》(2002);等等
3	《科学技术政策》(2003)	《青年学者追踪计划》(2003);《专利法(修订)》(2003);《中小企业创新研究计划》(2005);《中小企业信用评级政策》(2005);等等

续表

序号	根政策	主要干政策
4	《印度第十一个五年计划》(2006)	《微型、中小型企业发展法案》(2006);《国家科学与技术计划》(2007);《国家生物技术发展战略》(2007);《信息技术法(修订)》(2008);《关于建立信息技术投资区域的政策决议》(2008);《创新法(草案)》(2008);等等
5	《印度创新十年计划(2010—2020年)》(2010)	印度十年创新路线图(2010—2020年)(2010);《未来3年出口倍增战略》(2010);《国家生物技术发展战略》(2011);《干细胞研究国家指南》(2013);《科学、技术和创新政策》(2013);等等

资料来源：作者根据相关资料整理自制。

(一)《新技术政策声明》(1993)

为提升国家竞争优势、增强国家综合实力，印度联邦于1993年颁布实施了《新技术政策声明》，分别从开发实用技术、提高出口潜力、降低能源消耗、改善生态环境、维护生态平衡、充分利用本国资源、扩大就业渠道、增加就业机会等方面作出规定。此后，印度还制定了较全面的配套措施与相关政策。为实施经济改革，充分运用行政、立法等政策措施使印度在微电子学、高速计算机、软件技术、生物工程、新材料、新能源等关键科技领域尽快赶上世界先进水平，制定了《新技术政策(草案)》(1993);印度为实现在2020年前成为世界第四经济大国的目标，编制了《2020年科技远景发展规划》(1998)，希望通过技术创新，在成为世界第四经济大国的同时，也成为信息技术大国、生物技术大国和核技术大国。

(二)《信息技术法》(2000)

为保障电子商务和电子政务中电子数据交换或其他电子传输方式的交易行为得到法律支持，保障电子政务活动的安全性和快捷性，印度科学与技术部于1993年颁布了《信息技术法》。该法明确了信息技术在国家安全中的重要作用，为后续相关政策的制定提供了依据，如为把印度建设成为"信息技术超级大国"制定了《印度信息技术行动计划》（2000），而《信息技术（认证机构）规则》（2000）和《网络规制上诉庭（程序）规则》（2000）则针对《信息技术法》中信息机构的认证与网络管制的庭审程序作出具体规定。

（三）《印度第十一个五年计划》（2006）

在分析第十个五年计划已有成绩、存在缺陷的基础上，印度政府、国家发展委员会、海洋局、航天局等为实现能源、电力医疗、教育等领域的健康发展，于2006年颁布了《印度第十一个五年计划》。在上述计划的指引下，为了解决中小（微）型企业融资需求、经济纠纷等问题，印度颁布了《微型、中小型企业发展法案》（2006）；《国家生物技术发展战略》（2007）则提出了未来十年印度生物技术及产业发展的国家目标和政策措施；为了鼓励信息技术产品投资，颁布了《关于建立信息技术投资区域的政策决议》（2008）；《创新法（草案）》（2008）则将促进发展作为国家创新战略的核心，支持创新园区发展。

（四）《印度创新十年计划（2010—2020年）》（2010）

为依靠技术创新实现国家发展，印度联邦政府于2010年颁布实施了《印度创新十年计划（2010—2020年）》。在该计划的部署下，印度更加重视创新与创办研究机构，鼓励女性科学家的发展，大力加强对研发和创新创业的支持，建立适合新型科技创新企业的孵化机制与商业模式，培养创新人才，推动传统知识与现代科技的结合和跨学科研究，制定了《印度十年创新路线图（2010—2020年）》（2010）、《未来3年出口倍增战略》（2010）、《国家生物技术发展战略》（2011）、《干细胞研究国家指南》（2013）、《科学、技术和创新政策》（2013）等一系列政策。

四、巴西

总体上看，巴西的技术创新政策侧重对生物技术产业、能源产业的扶持。表4-4列举了巴西最具代表性的5条根政策和干政策，根政策主要由巴西议会、巴西联邦政府、科技创新部等颁布，干政策主要由巴西联邦政府、科技创新部、矿业和能源部、教育部、财政部、国家生物安全技术委员会、农业部、研究与项

第四章 金砖国家技术创新政策概览

目信贷局等部门颁布。

表 4-4 巴西主要根政策、干政策

序号	根政策	主要干政策
1	《1996—1999 年科技发展战略》(1995)	《科技进步法》(1995);《生物安全法》(1995);《国家生物安全技术委员会为转基因产品设定标准条例》(1998);《进口转基因作物进行科研的行动规则》(1998);《应用研究和知识转让法》(1998);《能源效率研发资助法令》(2000);等等
2	《建立卓越中心计划》(1996)	《接纳高校及外来技术人员和研究人员的决定》(1997);《资助和推动产学合作决定》(2000);《为产学合作提供财政资助法令》(2002);《建立科学和技术博物馆决定》(2003);《与智利开展技术合作协定》(2002);《与南非建立科学技术合作协定》(2003);等等
3	《创新法》(2004)	《为科技创新活动提供税收优惠实施条例》(2005);《与俄罗斯建立科技创新合作计划》(2004);《与委内瑞拉建立科学技术合作协定》(2005);《与突尼斯建立高等教育和技术研发的地区合作协定》(2006);《与英国建立科技创新合作计划》(2006);等等
4	《2007—2010 年巴西科技创新行动计划》(2007)	《为科技创新活动提供国家科学和技术发展基金法令》(2007);《建立巴西技术系统决定》(2007);《为微小型企业提供基金补助决定》(2007);《巴西、南非和印度高等教育合作协定》(2007);《与欧洲共同体建立科学技术合作协定》(2007);《生产发展政策》(2008);《为科技货物进口简化手续的决定》(2010);《"科学无国界"留学生派遣计划》(2011);等等
5	《2012—2015 年国家科学、技术和创新战略》(2012)	《建立国家纳米技术实验室决定》(2012);《壮大信息业计划》(2012);《巴西教育、创新和创业融合发展政策》(2014)

资料来源：作者根据相关资料整理自制。

(一)《1996—1999 年科技发展战略》(1995)

1995 年，政府制定了《1996—1999 年科技发展战略》，鼓励巴西的科学技术在全球化的经济竞争中谋求生存与发展，把科技创新与经济增长结合起来，推动产业结构的调整升级，为巴西企业参与国际竞争服务。在这一战略的基础上，政府还制定了相关政策，鼓励科技发展。例如，为了加大对科技的投入，政府颁布了《科技进步法》（1995），规定全国的科技投入每年必须增长5%；为了保护本国的生物资源，1995年政府制定了《生物安全法》和《国家生物安全技术委员会为转基因产品设定标准条例》（1998）；为了推动科技成果由潜在生产力迅速转化为现实生产力，1998年政府制定了《应用研究和知识转让法》。此外，政府还制定了"支持精英基础研究计划"和"软件出口计划"，加强基础研究、鼓励技术出口。

（二）《建立卓越中心计划》（1996）

为了提高人力资源的素质，建立适当的绩效评估和控制机制，整合所有联邦机构，巩固巴西科学和技术发展，巴西联邦政府和教育部于1996年联合颁布了《建立卓越中心计划》（1996）。在这一计划的基础上，政府还制定了一系列政策。例如，为加强人才吸收与培养，制定了《接纳高校及外来技术人员和研究人员的决定》（1997）；为推动产学合作，制定了《2000年资助和推动产学合作决定》（2000）和《为产学合作提供财政资助法令》（2002）；为与智利、南非国家联合开发新技术，制定了《与智利开展技术合作协定》（2002）和《与南非建立科学技术合作协定》（2003）。

（三）《创新法》（2004）

为改善巴西技术开发现状，提高科技成果转化能力，促进科技公共机构与企业的合作，鼓励企业特别是中小企业的科学技术研究，巴西议会于2004年颁布了《创新法》。《创新法》提出科学技术是经济发展和社会改革的中心，并指出要制定新的措施依托科学技术发展巴西能源、航空航天等重要领域。为鼓励企业技术开发，减少企业特别是中小企业的税收负担，巴西制定了《为科技创新活动提供税收优惠实施条例》（2005）。巴西十分重视国际科技合作的开展，制定了《与俄罗斯建立科技创新合作计划》（2004）、《与委内瑞拉建立科学技术合作协定》（2005）、《与突尼斯建立高等教育和技术研发的地区合作协定》（2006）、《与英国建立科技创新合作计划》（2006）等协定/计划，旨在促进巴西科技发展。

(四)《2007—2010年巴西科技创新行动计划》(2007)

为了让科技创新成为巴西经济增长的新动力源,2007年巴西科技创新部制定了《2007—2010年巴西科技与创新行动计划》,统合中央和地方力量,协调政府职能部门之间权益,从人力、财力上给予科技创新活动大力支持。在该政策的指引下,巴西又颁布了一系列政策来支持国家科技创新。财政支持方面,巴西颁布了《为科技创新活动提供国家科学和技术发展基金法令》(2007)、《为微小型企业提供基金补助决定》(2007)等;行政支持方面,颁布了《为科技货物进口简化手续的决定》(2010);人力资源培养方面,颁布了《巴西、南非和印度高等教育合作协定》(2007)、《"科学无国界"留学生派遣计划》(2011);国际科技合作方面,制定了《与欧洲共同体建立科学技术合作协定》(2007);等等。

(五)《2012—2015年国家科学、技术和创新战略》(2012)

为了保持战略性产业的优势地位,巴西科技委员会在2012年初实施了《2012—2015年国家科学、技术和创新战略》,该战略明确了信息通信、医疗卫生、教育、核能、生物、纳米、绿色经济等科技创新优先领域,并将通过对上述领域实施重大科技计划作为提高自主创新能力的突破口。后在该战略的引导下,巴西制定并颁布了《建立国家纳米技术实验室决定》(2012)、《壮大信息业计划》(2012)、《巴西教育、创新和创业融合发展政策》(2014),共同推进巴西关键领域科技创新。

五、南非

南非的技术创新政策主要体现了对能源产业的重视。表4-5列举了南非最具代表性的4条根政策及其干政策,其主要来源有南非政府、科技部、财政部、贸易工业部、能源部、矿产资源部、科技部等部门。

(一)《南非国家研究发展战略》(2002)

为了进一步提高科技能力、开发人力资源、提高研发投入,南非科技部于2002

表4-5 南非主要根政策、干政策

序号	根政策	主要干政策
1	《科学和技术白皮书》(1996)	《国家小企业法案》(1996);《国家研究和技术预见政策》(1999);等等
2	《南非国家研究发展战略》(2002)	《南非国家生物技术战略》(2002);《先进制造技术战略》(2002);《人类科学研究法案》(2002);《技术转移战略》(2003);《信息通讯技术战略》(2003);《人力资源开发战略》(2003);《专利法(修订)》(2005);等等
3	《2008—2018年:面向知识经济的十年创新计划》(2007)	《面向全球变化重大挑战的国家研究计划》(2007);《南非标准法》(2008);《知识产权保护法案》(2008);等等
4	《国家发展规划:2030年愿景》(2011)	《产业政策行动计划》(2012);《南非知识产权制定政策》(2013);《科学和技术法(修订)》(2014);《南非基础设施建设法案》(2014);等等

资料来源:作者根据相关资料整理自制。

年颁布了《南非国家研究发展战略》,明确了政府科技财政投入的方向及科技预算的主要原则。为加快实施该战略,南非又相继颁布了《人类科学研究法案》(2002)、《南非国家生物技术战略》(2002)、《先进制造技术战略》(2002)、《技术转移战略》(2003)、《信息通讯技术战略》(2003)等;由于创新不同于研发,更需要高素质的科学家、工程师以及技术人员,因此南非制定了《人力资源开发战略》(2003),促使更多人才从事、参与国家创新工作。

(二)《2008—2018年:面向知识经济的十年创新计划》(2007)

为促进南非向知识型国家转型,南非科技部在2007年颁布了《2008—2018年:面向知识经济的十年创新计划》,提出其未来十年的科技发展目标为迈进知识经济时代,要集中有限资源,重点发展南非空间科技、卫生和生物技术、氢经济、全球变化科学等优势领域。在这一计划的基础上,政府还制定了相关政策,鼓励科技发展。例如,为了加大研发投入,南非制定了《面向全球变化重大挑战的国家研究计划》（2007）；为了保护技术创新成果及其转化，南非还颁布了《南非标准法》（2008）和《知识产权保护法案》（2008）。

（三）《国家发展规划：2030 年愿景》（2011）

为了解决南非面临的贫富差距过大、失业率居高不下、基础设施建设落后、经济增长过度依赖资源等九大问题，南非国家计划委员会于 2011 年颁布了《国家发展规划：2030 年愿景》，计划在未来二十年内实现年均经济增长 5.4%。在该规划的带动下，为促进科技成果转化，南非颁布了《产业政策行动计划》（2012）和《科学和技术法（修订）》（2014）；为保护知识产权，制定了《南非知识产权制定政策》（2013）；为改善南非基础设施建设现状，颁布了《南非基础设施建设法案》（2014）；等等。

第三节 总 结

本章对金砖国家技术创新管理机构体系与各国具有代表性的根政策进行了介绍，主要结论如下：

第一，金砖国家技术创新管理机构。中国已经形成了一个以政府为主导的"自上而下"的技术创新管理机构体系，其中国务院领导和管理各颁布机构；俄罗斯经过一系列改组和调整，建立起由联邦政府、技术创新活动参与管理部委和科研系统 3 个层面组成的技术创新管理机构体系；印度的技术创新管理机构体系是由中央政府领导、以科技部为核心、有产业导向的、重基础研究和科技咨询的系统；巴西技术创新管理机构体系经过不断变革，从起初的单一机构管理发展到巴西联邦政府统一领导、多部门参与的技术创新管理机构体系；南非目前形成了议会立法、国家科技委员会执法的技术创新管理机构体系。

第二，金砖国家主要技术创新根政策情况。中国的根政策涉及领域广泛，常出现多部门联合颁布的情况，最具代表性的有《国家中长期科学和技术发展规划纲要（2006—2020 年）》（2006）等 12 条根政策；俄罗斯的根政策强调对国家各个科技领域的协调，最具代表性的有《俄罗斯联邦 2010 年前后科技发展政策框架》(2002) 等6条根政策；印度的根政策重点关注信息、医药等产业，最具代表性的有《信息技术法》(2000) 等5条根政策；巴西的根政策侧重对生物技术产业、能源产业的扶持，最具代表性的有《创新法》(2004) 等5条根政策；南非的根政策重点关注能源产业，最具代表性的有《南非国家研究发展战略》(2002) 等4条根政策。

第五章
金砖国家技术创新政策比较研究框架的构建

基于项目组成员搜集的683条金砖国家技术创新政策，本书从所支持的创新活动类型、为技术创新提供支持的形式、完善技术创新制度环境的手段、满足创新产品需求的手段、政策颁布机构以及政策出台形式6个方面选取25个政策变量，运用聚类分析和因子分析，构建并验证适于金砖国家技术创新政策比较的"政策目标—政策工具—政策执行"三维研究框架，为后序的金砖国家技术创新政策比较研究奠定理论基础。基于该三维框架，本章初步对金砖国家的技术创新政策布局进行横向统计分析比较。

第一节　数据库构建及描述

一、金砖国家技术创新政策数据库

金砖国家的技术创新政策主要通过各国多个部门的官方网站搜集获得，此外项目组成员也查阅了与金砖国家相关的书籍、报刊、论文、统计报告、新闻报道和公开采访等，共搜集了颁布于1990~2014年与技术创新相关的政策文本683条，建立了金砖国家技术创新政策数据库。金砖国家技术创新政策的搜集情况如

表5-1所示,政策按时间分布统计情况如表5-2所示。

表5-1 金砖国家技术创新政策文本统计(国别和来源)

国家	政策数量	颁布部门及部分官方网站
中国	347	全国人大 http://www.npc.gov.cn/;国务院 http://www.gov.cn/;科技部 http://www.most.gov.cn/;商务部 http://www.mofcom.gov.cn/;财政部 http://www.mof.gov.cn/;发改委 http://www.sdpc.gov.cn/;教育部 http://www.moe.gov.cn/;建设部 http://www.mohurd.gov.cn/;能源局 http://www.nea.gov.cn/;质量监督检验检疫总局 http://www.aqsiq.gov.cn/;税务总局 http://www.chinatax.gov.cn/;海关总署 http://www.customs.gov.cn/;工业和信息化部 http://www.miit.gov.cn/;中科院 http://www.cas.cn/;知识产权局 http://www.sipo.gov.cn/;外汇管理局 http://www.safe.gov.cn/;外经贸部(撤销);农业部 http://www.moa.gov.cn/;体改委(撤销);冶金工业部(撤销);邮电部(撤销);经贸委(撤销);标准化管理委员会 http://www.sac.gov.cn/;自然科学基金委员会 http://www.nsfc.gov.cn/;国资委 http://www.sasac.gov.cn/;组织部(无);人事资源和社会保障部 http://www.mohrss.gov.cn/;国防部 http://www.mod.gov.cn/;版权局 http://www.ncac.gov.cn/;水利部 http://www.mwr.gov.cn/;地震局 http://www.cea.gov.cn/;国防科工委(撤销);国家计委(撤销);铁道部(撤销);航空航天工业部(撤销);化学工业部(撤销);环境保护部 http://www.zhb.gov.cn/;海洋局 http://www.soa.gov.cn/;机电部(撤销);建筑材料工业局(撤销);中国建设银行 http://www.ccb.com/;专利局(撤销);中医药管理局 http://www.satcm.gov.cn/;中国人民银行 http://www.pbc.gov.cn/;民用航空局 http://www.caac.gov.cn/;银监会 http://www.cbrc.gov.cn/index.html;中华全国总工会 http://www.acftu.org/;全国博士后管理委员会 http://res.chinapostdoctor.org.cn/BshWeb/index.shtml;测绘地理信息局 http://www.sbsm.gov.cn/
俄罗斯	85	俄罗斯人民代表大会;俄罗斯联邦政府 http://government.ru/;教育和科学部 http://минобрнауки.рф/;能源部 http://minenergo.gov.ru/;经济发展部 http://economy.gov.ru/;信息技术和通信部 http://www.minsvyaz.ru/;财政部 http://www.roskazna.ru/;工业和贸易部 http://minpromtorg.gov.ru/eng/;航天局 http://www.federalspace.ru/;科学与创新政策跨部门委员会;俄罗斯联邦安全理事会;银禧体育中心;地区发展部 http://www.minregion.ru/;总统科学与高技术顾问委员会;俄罗斯科技发展基金会

第五章　金砖国家技术创新政策比较研究框架的构建

续表

国家	政策数量	颁布部门及部分官方网站
印度	95	印度议会 http：//parliamentofindia. nic. in/；印度联邦政府 http：//india. gov. in/；科技部 http：//www. dst. gov. in/；财政部 http：//finmin. nic. in/；农业部 http：//www. nic. in/agricoop/；商业与工业部 http：//commerce. nic. in/MOC/index. asp；工业政策和促进部 http：//dipp. nic. in/English/default. aspx；信息技术部 http：//delhi. gov. in/；电子和信息技术部 http：//deity. gov. in/；医药部 http：//pharmaceuti-cals. gov. in/；企业事务部 http：//www. mca. gov. in/；航空部 http：//dos. gov. in/；法律与司法部 http：//lawmin. nic. in/；生物技术部 http：//dbtindia. nic. in/；内阁首席科技顾问办公室
巴西	83	巴西议会 http：//www. congressonacional. leg. br/；巴西联邦政府 http：//www. brasil. gov. br/；科技创新部 http：//www. mct. gov. br/；发展工业和外贸部 http：//www. mdic. gov. br/sitio/；矿产能源部 http：//www. mme. gov. br/；教育部 http：//www. mec. gov. br/；外交部 http：//www. itamaraty. gov. br/；财政部 http：//www. fazenda. gov. br/；规划预算和管理部 http：//www. comprasgovernamentais. gov. br/；巴西中央银行 http：//www. bcb. gov. br/；国家生物安全技术委员会；农业部 http：//www. agricultura. gov. br/；全国货币委员会；巴西甘蔗协会；亚马逊研发委员会；研究与项目信贷局 http：//www. finep. gov. br/；卫生部 http：//portalsaude. saude. gov. br/；福利和社会援助部
南非	73	南非政府 http：//www. gov. za/；科技部 http：//www. dst. gov. za/；财政部 http：//www. treasury. gov. za/ministry/；贸易工业部 http：//www. thedti. gov. za/；能源部 http：//www. energy. gov. za/；矿产资源部 http：//www. dmr. gov. za/；科技部 http：//www. dst. gov. za/

资料来源：作者自制。

表5－2　金砖国家技术创新政策文本统计（时间分布）

年份	中国	俄罗斯	印度	巴西	南非	年份	中国	俄罗斯	印度	巴西	南非
1990	2	1	1	1	1	1995	9	3	1	2	1
1991	6	1	1	2	1	1996	14	1	1	2	2
1992	9	5	1	2	1	1997	13	1	1	2	3
1993	7	5	1	2	2	1998	15	1	1	3	1
1994	8	1	1	2	3	1999	14	1	1	1	3

续表

年份	中国	俄罗斯	印度	巴西	南非	年份	中国	俄罗斯	印度	巴西	南非
2000	17	1	3	6	1	2008	10	5	7	3	7
2001	14	1	2	3	1	2009	24	3	1	2	1
2002	14	4	3	9	5	2010	31	7	5	1	6
2003	13	1	4	8	5	2011	8	5	7	5	6
2004	11	1	3	2	2	2012	6	10	16	4	9
2005	17	4	8	3	1	2013	8	9	4	1	1
2006	30	5	9	6	1	2014	7	3	1	3	3
2007	40	6	8	7	4	合计	347	85	95	83	73

资料来源：作者根据搜集的政策文本统计数据自制。

中国的技术创新政策共347条，在具体政策选择上参考了《中国科技政策要目概览（1949—2010年）》[①]，政策共来源于49个部门：全国人民代表大会、国务院、科技部、商务部、财政部、国家发展和改革委员会、教育部、住房和城乡建设部、能源局、国家质量监督检验检疫总局、国家税务总局、海关总署、工业和信息化部、中国科学院、国家知识产权局、外汇管理局、对外贸易经济合作部（2003年撤销）、农业部、国家经济体制改革委员会（1997年撤销）、冶金工业部（1998年撤销）、邮电部（1998年撤销）、国家经济贸易委员会（2003年撤销）、国家标准化管理委员会、国家自然科学基金委员会、国务院国有资产监督管理委员会、中共中央组织部、人事资源和社会保障部、国防部、国家版权局、水利部、地震局、国防科学技术工业委员会（2008年撤销）、国家计划委员会（1998年撤销）、铁道部（2013年撤销）、航空航天工业部（1993年撤销）、化学工业部（1998年撤销）、环境保护部、国家海洋局、机械电子工业部（1993年撤销）、建筑材料工业局（2001年撤销）、中国建设银行、中国专利局（1998年撤销）、

[①] 科技政策涉及科学、技术、科技体制改革和科学研究及技术商业化的基础设施建设、创新的制度框架、知识产权、高等教育、科技成就的奖励（OECD，2011）；而技术创新政策是一个整合的概念，是科技政策与产业政策的结合（Rothwell，1986），是逐步从隐含在科技政策和经济政策之中形成有特定目标、一定针对性的综合政策体系（柳卸林，2000），它的本质是技术创新的政府激励政策，用来资助技术扩散，鼓励科学转移（陈劲和王飞绒，2005）。综上所述，项目组认为技术创新政策是一国为了提高技术创新的速度，扩大技术创新规模，促进科技成果产业化、商业化而采取的一系列公共政策措施的总称，在政策搜集的具体选择中可以借鉴《中国科技政策要目概览》。

国家中医药管理局、中国人民银行、中国民用航空局、中国银行业监督管理委员会、中华全国总工会、全国博士后管理委员会、国家测绘地理信息局。

俄罗斯的技术创新政策共85条，政策共来源于15个部门：俄罗斯人民代表大会、俄罗斯联邦政府、教育和科学部、能源部、经济发展部、信息技术和通信部、财政部、工业和贸易部、航天局、科学与创新政策跨部门委员会、俄罗斯联邦安全理事会、银禧体育中心、地区发展部、总统科学与高技术顾问委员会、俄罗斯科技发展基金会。

印度的技术创新政策共95条，政策共来源于15个部门：印度议会、印度联邦政府、科技部、财政部、农业部、商业与工业部、工业政策和促进部、信息技术部、电子和信息技术部、医药部、企业事务部、航空部、法律与司法部、生物技术部、内阁首席科技顾问办公室。

巴西的技术创新政策共83条，政策共来源于18个部门：巴西议会、巴西联邦政府、科技创新部、发展工业和外贸部、矿业能源部、教育部、外交部、财政部、规划预算和管理部、巴西中央银行、国家生物安全技术委员会、农业部、全国货币委员会、巴西甘蔗协会、亚马逊研发委员会、研究与项目信贷局、卫生部、福利和社会援助部。

南非的技术创新政策共73条，政策共来源于7个部门：南非政府、科技部、财政部、贸易工业部、能源部、矿产资源部、科技部。

二、金砖国家技术创新政策变量说明

基于金砖国家技术创新政策设计的实际特点，本书从所支持的创新活动类型、为技术创新提供支持的形式、完善技术创新制度环境的手段、满足创新产品需求的手段、政策颁布机构以及政策出台形式6个方面共选取了25个变量科学描述金砖国家全部683条技术创新政策的不同侧面，对每一条政策变量采用虚拟变量法进行赋值，形成金砖国家技术创新政策量表（见表5-3）。

赋值的基本原则是若某条政策文本包含某种/某些政策变量特征的核心内容，则相应政策变量赋值为1，否则为0。需要特别说明的是，某条政策可能同时具有多种政策目标、同时使用多种政策工具，或由分属不同级别的机构联合颁布，该政策所涉及的每种目标、工具或颁布机构级别同时赋值为1，其他未涉及的变量赋值为 0。例如,《俄罗斯联邦 2010 年前后科技发展政策框架》(2002) 具有技术开发、技术引进和消化吸收三种政策目标,则在这三种政策目标下同时赋值为 1,在"技术出口"和"科技成果转化"目标下赋值为 0;该政策使用了财政支持、基础设施建设、税收优惠三种政策工具,则在这三种政策工具下同时赋值为 1,在其他政策工具下赋值为 0。

表 5-3　金砖国家技术创新政策量表

变量类型	变量代号	变量名称	变量描述	变量类型
所支持的创新活动类型	X_1	技术开发	开发新技术、新产品、新工艺等	虚拟变量
	X_2	技术出口	向国外出口技术	虚拟变量
	X_3	技术引进	引进国外先进技术	虚拟变量
	X_4	消化吸收	促进对新技术的消化吸收	虚拟变量
	X_5	科技成果转化	实现科技成果的应用和推广、工艺化、产品化、商业化和产业化等	虚拟变量
为技术创新提供支持的形式	X_6	信息支持	通过建设网络、图书馆、资料库等实现信息共享	虚拟变量
	X_7	对中型企业的技术支持	政府通过技术辅导与咨询,或加强技术基础设施的建设来帮助企业,特别是中小(微)型企业实现技术创新	虚拟变量
	X_8	对小型企业的技术支持		虚拟变量
	X_9	对微型企业的技术支持		虚拟变量
	X_{10}	财政支持	资金投入、提供补贴和折旧支持等	虚拟变量
	X_{11}	基础设施建设	提供相关领域的公共基础设施与设备	虚拟变量
	X_{12}	金融支持	拓宽融资渠道,提供贷款优惠、保险以及风险控制	虚拟变量
	X_{13}	税收优惠	给予免税、减税、贴息等优惠	虚拟变量
	X_{14}	人力资源培养	建立和完善人才教育与培训体系,实现人才的国际流动,通过提供薪酬、福利、奖金吸引和奖励人才	虚拟变量
完善技术创新制度环境的手段	X_{15}	技术标准制定	制定符合本国创新标准并与国际接轨的技术标准	虚拟变量
	X_{16}	行政支持	放宽审批、配额、许可证等限制,简化行政程序,为技术创新活动制定相关计划,对技术创新活动进行组织、控制与监督等	虚拟变量
	X_{17}	知识产权保护	立法保护知识产权,提供相关法律咨询服务等	虚拟变量

续表

变量类型	变量代号	变量名称	变量描述	变量类型
满足创新产品需求的手段	X_{18}	政府采购	国家机关或组织优先购买货物、工程或服务	虚拟变量
	X_{19}	产学研合作	加强企业、科研院所和高等院校之间的合作	虚拟变量
	X_{20}	国际合作	国际合作机会	虚拟变量
政策颁布机构	X_{21}	一级机构	最高机构（人大/议会等）是否参与	虚拟变量
	X_{22}	二级机构	中央机构直属的部委（或内阁等）是否参与	虚拟变量
	X_{23}	三级机构	国务院直属特设机构或委员会是否参与	虚拟变量
	X_{24}	四级机构	部级"总署"或总局是否参与（仅中国、俄罗斯有）	虚拟变量
政策出台形式	X_{25}	法律形式	政策是否以法律形式出台	虚拟变量

资料来源：作者自制。

第二节　构建金砖国家技术创新政策比较研究框架

一、金砖国家技术创新政策分类

鉴于金砖国家技术创新发展背景、技术创新政策数目与特征的差异，将五国政策一同进行因子分析不利于得到较为客观、准确的结果，于是考虑将五国技术创新政策样本编号后进行聚类分析，具体做法如下。

（一）政策编号

将683条技术创新政策按照政策国别属性、政策颁布时间的先后顺序逐一进行编号，结果为：巴西，1~83；俄罗斯，84~168；印度，169~263；中国，264~610；南非，611~683。

（二）聚类分析

聚类方法采用系统聚类，类与类之间距离的计算方法选择离差平方和法（Ward方法），度量标准选择平方Euclidean距离，并设定最小聚类数为2、最大聚类数为5。

（三）政策分类和国家分组

聚类分析结果显示，金砖国家全部技术创新政策分为两类最为合适。中国和俄罗斯分别有73.8%和88.2%的技术创新政策属于第一类，印度、巴西和南非分别有79.2%、78.3%和69.9%的技术创新政策属于第二类，如表5-4所示。根据技术创新政策分类情况，可以将金砖国家分为两组：中国和俄罗斯大部分技术创新政策属于第一类，因此将中国和俄罗斯归为第一组；印度、巴西和南非大部分技术创新政策属于第二类，因此将印度、巴西和南非归为第二组。

表5-4 金砖国家技术创新政策聚类分析结果

类别	所属政策编号	政策数目占比（%）				
		第一组国家		第二组国家		
		中国	俄罗斯	印度	巴西	南非
第一类	5、22、25、27~31、45、47、54~55、57、63、73~74、77~78、91~104、106~112、114~120、122~163、165~171、187、192、196~197、199、204、206~207、213、216、220、226、228~229、233、237、240、268、278、280~291、301~303、312~319、321~322、328、330~351、354~360、362~365、372、374~393、396~399、401~410、413、415~418、420、424、429~436、444~452、456~469、471~485、488~491、493~496、498~504、507~508、510、517、519~525、527~536、541~553、557~579、581、583~598、604、609~615、625、630~633、640、646~647、651~653、665、671~672、674、681~682	73.8	88.2	20.8	21.7	30.1

续表

类别	所属政策编号	政策数目占比（%）				
		第一组国家		第二组国家		
		中国	俄罗斯	印度	巴西	南非
第二类	1~4、6~21、23~24、26、32~44、46、48~53、56、58~62、64~72、75~76、79~90、105、113、121、164、172~186、188~191、193~195、198、200~203、205、208~212、214~215、217~219、221~225、227、230~232、234~236、238~239、241~267、279、292~300、304~311、320、323~327、329、352~353、361、366~371、373、394~395、400、411~412、414、419、425~428、437、443、453~455、470、486~487、492、497、505~506、509、511~516、518、526、537、540、554~556、580、582、599~603、505、608、616~624、626~629、634~639、641、645、648~650、654~664、666~670、673、675~680、683	26.2	11.8	79.2	78.3	69.9

资料来源：作者根据 SPSS 18.0 软件运行结果自制。

二、金砖国家技术创新政策因子分析

利用 SPSS 18.0 软件，分别对两组国家的政策变量进行因子分析，具体步骤如下。

（一）信度和效度检验

1. 信度检验

通过计算内部一致性系数（Cronbach's α）对两组国家技术创新政策量表进行检验。通常来讲，Cronbach's α 值大于 0.7 被认为该因子具有良好的可靠性

(Cortina, 1993)①,但对于具有一定探索性和特殊性的问题,该系数大于 0.6 也属于可接受范畴 (Hair 等, 2010; Amaro 和 Duarte, 2014)②③。检验结果显示,两组政策量表的 Cronbach's α 值分别为 0.762 和 0.680,均大于 0.6,表明两组政策量表的变量测量具有较好的信度,该量表设计可行。

2. 效度检验

效度检验主要包括内容效度检验和结构效度检验。内容效度检验:本研究使用的政策量表是在吸取国内外相关理论文献的基础上,结合相关领域专家咨询意见修订而成,因此,具有较高的内容效度;结构效度检验:采用探索性因子分析法进行结构效度检验,当 KMO 样本测度大于 0.6、Bartlett 球形检验统计值显著异于 0 时,适合做因子分析。

结果显示,第一组政策量表的 KMO 测度值为 0.729、第二组为 0.672,均高于可接受水平 0.6;第一组政策量表的 Bartlett 球形检验结果为 3389.713、sig. 值为 0.000,第二组政策量表的 Bartlett 球形检验结果为 2776.378、sig. 值为 0.000。以上数据表明,两组政策量表结构效度较好,均适宜进行因子分析。

(二) 因子提取与信度检验

1. 因子提取

在效度检验的基础上,采用主成分法进行因子提取。其中,旋转方法选用最大方差法,提取个数以特征值大于 1 为判断标准得到因子载荷矩阵,如表 5-5 和表 5-6 所示。根据 Kaiser 准则,第一组提取 8 个特征值大于 1 的因子,这 8 个因子总共解释 65.643% 的总方差;第二组提取 9 个特征值大于 1 的因子,这 9 个因子总共解释 69.510% 的总方差。

---

① Cortina J M. "What is coefficient alpha? An examination of theory and applications" [J]. Journal of Applied Psychology, 1993, 78 (1): 98-104.

② Hair J F, Black W C, Babin H J, Anderson R E. Multivariate Data Analysis (7th ed.) [M]. New Jersey: Prentice Hall, 2010.

③ Amaro S, Duarte P. An integrative model of consumers' intentions to purchase travel online [J]. Tourism Management, 2014, (46): 64-79.

2. 信度检验

分别对两组国家的每一个因子逐一进行Cronbach's α检验，考察因子构成变量间的内部一致性。如表5-5、表5-6所示，两组政策量表提取出的因子的Cronbach's α值均大于0.6，表示各因子具有良好的可靠性，较好的Cronbach's α检验结果验证了比较框架的稳健性。

表5-5 第一组国家（中国和俄罗斯）政策量表的因子矩阵

变量代号	政策变量	因子							
		1	2	3	4	5	6	7	8
X_1	技术开发	0.065	-0.130	0.215	0.303	-0.146	-0.017	0.047	**0.735**
X_2	技术出口	0.128	-0.005	0.002	0.100	**0.704**	0.009	-0.070	0.061
X_3	技术引进	0.145	-0.137	0.180	0.285	-0.055	0.010	-0.022	**0.709**
X_4	消化吸收	0.371	-0.081	-0.082	0.028	**0.511**	0.032	-0.059	-0.223
X_5	科技成果转化	-0.009	-0.077	0.257	0.054	**0.709**	0.198	0.049	0.075
X_6	信息支持	0.188	-0.071	**0.604**	0.207	0.163	0.099	0.011	0.039
X_7	对中型企业的技术支持	**0.906**	-0.017	0.146	0.095	0.091	0.084	0.018	-0.010
X_8	对小型企业的技术支持	**0.939**	0.000	0.108	0.002	0.013	0.090	0.011	0.047
X_9	对微型企业的技术支持	**0.954**	0.012	0.109	0.054	0.049	0.099	0.029	0.005
X_{10}	财政支持	0.082	-0.142	**0.671**	-0.169	-0.122	0.071	0.098	-0.012
X_{11}	基础设施建设	0.136	0.145	**0.589**	-0.112	0.219	0.077	-0.116	-0.038
X_{12}	金融支持	**0.503**	-0.138	0.168	0.166	0.316	-0.013	0.115	0.101
X_{13}	税收优惠	-0.067	-0.065	**0.478**	0.008	0.452	0.046	0.032	0.041
X_{14}	人力资源培养	0.088	-0.161	**0.636**	0.340	-0.054	0.010	-0.185	-0.065
X_{15}	技术标准制定	0.273	-0.038	0.397	0.294	0.290	0.064	-0.071	0.154
X_{16}	行政支持	0.124	0.073	-0.050	**0.743**	0.134	-0.021	-0.005	-0.045
X_{17}	知识产权保护	0.009	0.090	0.066	**0.804**	0.015	0.112	0.050	0.024
X_{18}	政府采购	0.207	0.020	0.004	0.075	0.046	**0.852**	-0.081	0.066
X_{19}	产学研合作	0.102	0.001	0.270	0.352	0.136	0.326	0.154	0.090
X_{20}	国际合作	0.003	-0.013	0.174	0.030	0.116	**0.836**	0.049	-0.063
X_{21}	一级机构	-0.003	**0.955**	-0.052	0.027	-0.040	0.015	-0.159	-0.016
X_{22}	二级机构	0.118	**-0.780**	0.100	-0.108	0.094	0.042	-0.348	-0.030
X_{23}	三级机构	0.034	-0.012	0.136	0.021	-0.030	0.025	**0.848**	0.054

续表

变量代号	政策变量	因子							
		1	2	3	4	5	6	7	8
X_{24}	四级机构	0.069	-0.074	-0.269	0.036	-0.018	-0.022	**0.783**	-0.127
X_{25}	法律形式	0.007	**0.945**	-0.069	0.045	-0.054	0.023	-0.159	-0.018
	Cronbach's α	**0.875**	**0.909**	0.641	**0.782**	**0.715**	**0.803**	0.652	0.616
	特征值	4.831	2.622	2.085	1.711	1.425	1.356	1.232	1.149
	因子方差贡献率（%）	19.323	10.489	8.340	6.842	5.698	5.426	4.929	4.596
	累计方差贡献率（%）	19.323	29.812	38.152	44.994	50.692	56.118	61.047	65.643

注：加粗数字表示该数字对应政策变量对某因子的贡献率较大。

资料来源：作者根据 SPSS 18.0 软件运行结果自制。

表 5-6　第二组国家（巴西、印度和南非）政策量表的因子矩阵

变量代号	政策变量	因子								
		1	2	3	4	5	6	7	8	9
X_1	技术开发	-0.032	0.001	0.001	0.039	-0.096	0.152	0.311	**0.710**	-0.062
X_2	技术出口	0.015	**0.783**	-0.095	0.005	0.033	0.093	0.092	-0.054	-0.020
X_3	技术引进	0.138	0.004	-0.001	0.135	-0.032	-0.044	-0.074	**0.842**	0.089
X_4	消化吸收	0.091	**0.581**	0.229	0.328	-0.096	0.064	0.109	-0.114	0.263
X_5	科技成果转化	0.032	**0.824**	-0.039	0.132	0.026	0.101	-0.025	0.092	-0.055
X_6	信息支持	0.051	0.346	-0.186	0.137	0.394	-0.053	0.033	0.222	0.369
X_7	对中型企业的技术支持	**0.938**	0.092	0.007	-0.020	0.075	0.049	0.100	0.070	0.022
X_8	对小型企业的技术支持	**0.976**	0.011	0.017	0.026	0.023	0.078	0.059	0.023	0.085
X_9	对微型企业的技术支持	**0.965**	0.009	0.029	0.044	0.008	0.069	0.057	0.034	0.113
X_{10}	财政支持	0.131	0.268	-0.066	-0.090	0.125	**0.757**	-0.143	-0.028	-0.058
X_{11}	基础设施建设	0.114	-0.091	-0.054	0.030	-0.126	-0.265	-0.083	0.097	**0.634**
X_{12}	金融支持	0.180	0.083	0.014	0.329	-0.183	**0.636**	0.121	0.097	0.052
X_{13}	税收优惠	-0.082	-0.159	-0.044	0.488	0.110	**0.563**	-0.049	0.094	-0.032
X_{14}	人力资源培养	0.071	0.033	-0.029	0.024	0.024	0.166	0.224	-0.076	**0.686**
X_{15}	技术标准制定	0.134	0.149	-0.004	0.118	0.208	0.057	**0.575**	-0.043	0.118
X_{16}	行政支持	-0.063	-0.321	0.186	-0.178	-0.272	0.051	**0.621**	0.087	0.036
X_{17}	知识产权保护	0.155	0.195	0.021	0.145	-0.033	-0.219	**0.685**	0.212	0.014
X_{18}	政府采购	-0.056	0.184	-0.046	**0.769**	0.037	0.032	0.094	0.025	-0.039

续表

变量代号	政策变量	因子								
		1	2	3	4	5	6	7	8	9
X_{19}	产学研合作	0.144	0.078	0.011	**0.717**	-0.067	0.247	-0.007	0.112	0.207
X_{20}	国际合作	0.005	0.375	-0.200	**0.466**	0.153	-0.136	0.089	0.164	-0.138
X_{21}	一级机构	0.013	-0.034	-0.152	0.106	**0.861**	-0.011	-0.011	-0.126	-0.159
X_{22}	二级机构	-0.097	0.106	-0.596	0.004	**0.673**	0.007	-0.087	0.115	0.086
X_{23}	三级机构	0.026	-0.043	**0.935**	-0.042	-0.051	-0.022	0.091	0.031	-0.040
X_{24}	四级机构	-0.004	-0.023	**0.921**	-0.053	-0.060	-0.043	-0.003	-0.003	-0.037
X_{25}	法律形式	0.072	0.268	0.011	-0.289	**0.548**	0.198	-0.045	0.042	0.368
Cronbach's α		**0.913**	0.688	**0.905**	**0.743**	0.624	**0.718**	0.633	**0.717**	0.616
特征值		3.929	2.815	2.177	2.092	1.634	1.408	1.186	1.108	1.030
因子方差贡献率(%)		15.714	11.261	8.708	8.367	6.537	5.631	4.743	4.430	4.119
累计方差贡献率(%)		15.714	26.975	35.683	44.050	50.587	56.218	60.960	65.391	69.510

注：加粗数字表示该数字对应政策变量对某因子的贡献率较大。

资料来源：作者根据 SPSS 18.0 软件运行结果自制。

（三）因子命名

1. 第一组国家因子归类结果

第一组国家政策量表的因子矩阵分析结果如表 5-5 所示，具体描述如下：

（1）政策目标。因子5（X_2 技术出口、X_4 消化吸收、X_5 科技成果转化）反映了技术创新政策对知识扩散的引导，将其命名为"扩散导向型政策目标"；因子8（X_1 技术开发、X_3 技术引进）反映了技术创新政策对知识增加的引导，将其命名为"任务导向型政策目标"。

（2）政策工具。因子1（X_7 对中型企业的技术支持、X_8 对小型企业的技术支持、X_9 对微型企业的技术支持、X_{12} 金融支持）、因子3（X_6 信息支持、X_{10} 财政支持、X_{11} 基础设施建设、X_{13} 税收优惠、X_{14} 人力资源培养）反映了政策工具对技术创新主体从资金、信息、设施以及人力资源要素等供给角度的支持，将其命名为"供给导向型政策工具"；因子4（X_{16} 行政支持、X_{17} 知识产权保护）反映了政策工具从改善和保护技术创新环境角度促进技术创新,将其命名为"环境导向型政策工具";因子6(X_{18}政府采购、X_{20}国际合作)反映了政策工具对技术需求方的支持,将其命名为"需求导向型政策工具"。第一组国家因子提取过程中,由于"X_{15}技术标准制定"在因子3、因子4和因子5上的载荷相近且均较低,因此未将该政策变量纳入上述因子。同理,未将"X_{19}产学研合作"纳入任何因子中。

(3)政策执行。因子2(X_{21}一级机构、X_{22}二级机构、X_{25}法律形式)反映了可以颁布法律形式文件的较高级机构,将其命名为"中央机构";因子7(X_{23}三级机构、X_{24}四级机构)反映了不能颁布法律形式文件的较低级机构,将其命名为"部委机构"。

2. 第二组国家因子归类结果

第二组国家政策量表的因子矩阵分析结果如表5-6所示,具体描述如下:

(1)政策目标。将因子2(X_2技术出口、X_4消化吸收、X_5科技成果转化)命名为"扩散导向型政策目标";将因子8(X_1技术开发、X_3技术引进)命名为"任务导向型政策目标"。

(2)政策工具。将因子1(X_7对中型企业的技术支持、X_8对小型企业的技术支持、X_9对微型企业的技术支持)、因子6(X_{10}财政支持、X_{12}金融支持、X_{13}税收优惠)和因子9(X_{11}基础设施建设、X_{14}人力资源培养)命名为"供给导向型政策工具";将因子7(X_{15}技术标准制定、X_{16}行政支持、X_{17}知识产权保护)命名为"环境导向型政策工具";将因子4(X_{18}政府采购、X_{19}产学研合作、X_{20}国际合作)命名为"需求导向型政策工具"。第二组国家因子提取过程中,由于"X_6信息支持"在因子2、因子5和因子9上的载荷相近且均较低,因此未将该政策变量纳入上述因子。

(3)政策执行。将因子5(X_{21}一级机构、X_{22}二级机构、X_{25}法律形式)命名为"中央机构";将因子3(X_{23}三级机构、X_{24}四级机构)命名为"部委机构"。

根据两组国家因子分析结果,剔除每组国家因子分析中未能归类的个别政策变量,即"X_6信息支持""X_{15}技术标准制定"和"X_{19}产学研合作"3个变量,其余的22个变量均可归入某一因子。综合两组国家因子归类结果可知,两组国家技术创新政策均可采用政策目标、政策工具和政策执行三个维度来描述,其中政策目标维度可分为"任务导向型目标"和"扩散导向型目标",政策工具维度可分为"供给导向型政策工具""环境导向型政策工具"和"需求导向型政策工具",政策执行维度可分为"中央机构"和"部委机构"。因此,金砖国家技术创新政策设计具有一致性,可以从政策目标、政策工具和政策执行三个维度构建统一的金砖国家技术创新政策比较研究框架。

三、金砖国家技术创新政策比较研究框架构建

金砖国家技术创新政策可以用一个统一的"政策目标—政策工具—政策执行"三维框架,从"做什么""怎么做"以及"谁在做"三个方面进行描述(见图5-1)。

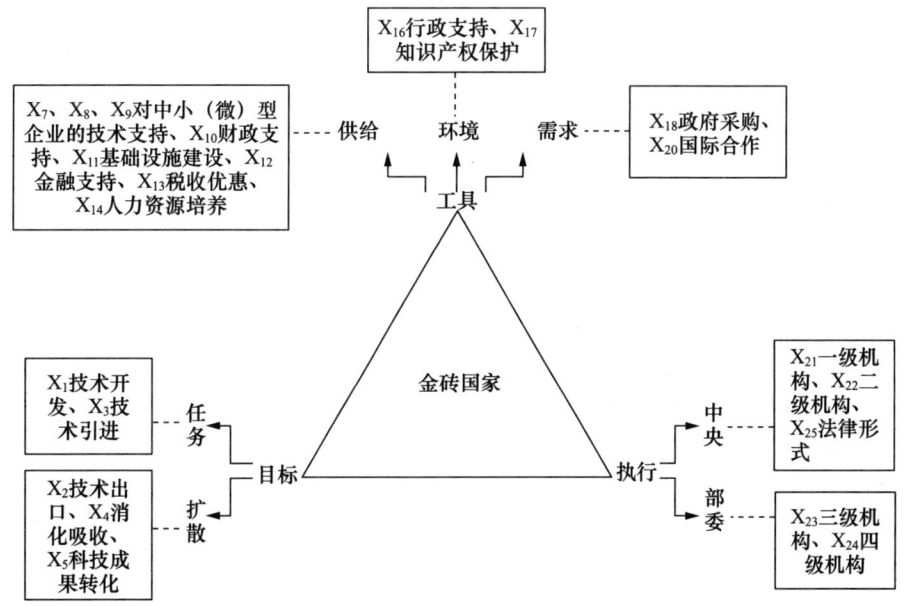

图 5-1 金砖国家技术创新政策比较研究框架

资料来源:作者自制。

（一）政策目标维度

政策目标维度划分为"任务导向型目标"和"扩散导向型目标"。"任务导向型目标"包括"X_1 技术开发"和"X_3 技术引进",表示旨在实现技术总量增加的政策目标;"扩散导向型目标"包括"X_2 技术出口""X_4 消化吸收"和"X_5 科技成果转化",表示旨在实现技术水平扩散的政策目标。

（二）政策工具维度

政策工具维度划分为"供给导向型政策工具""环境导向型政策工具"和"需求导向型政策工具"。"供给导向型政策工具"包括"X_7 对中型企业的技术支持""X_8 对小型企业的技术支持""X_9 对微型企业的技术支持""X_{10} 财政支持""X_{11} 基础设施建设""X_{12} 金融支持""X_{13} 税收优惠"和"X_{14} 人力资源培养",表示技术创新政策通过为创新主体提供技术、人才、资金等创新要素来支持技术创新;"环境导向型政策工具"包括"X_{16} 行政支持"和"X_{17} 知识产权保护",表示技术创新政策通过改善和保护创新环境来鼓励技术创新;"需求导向型政策工具"包括"X_{18} 政府采购"和"X_{20} 国际合作",表示技术创新政策通过满足或刺激市场需求来带动技术创新。

（三）政策执行维度

政策执行维度划分为"中央机构"和"部委机构"。"中央机构"指可以颁布法律形式文件或重要政策的较高级机构,包括"X_{21} 一级机构""X_{22} 二级机构"和"X_{25} 法律形式";部委机构指不能颁布法律形式文件的其他机构,包括"X_{23} 三级机构"和"X_{24} 四级机构"。

至此,本研究提出并验证了适合金砖国家技术创新政策比较的"政策目标—政策工具—政策执行"框架,该框架的确立使后续的政策比较成为可能。

第三节　三维框架下金砖国家技术创新政策布局比较

依据上述建立的金砖国家技术创新政策三维比较研究框架,对所搜集的683

条技术创新政策进行各个维度的统计分析，可以从横向初步比较金砖国家技术创新政策布局的差异，结果如下。

一、政策目标比较

（一）任务导向型政策目标

任务导向型政策目标包括技术开发和技术引进。技术开发会带来更多的知识增加，总体上说，金砖国家的政策目标更多地体现于此，其中巴西有46.7%的政策旨在技术开发，居五国之首。任务导向型政策目标中，中国最为重视技术引进，其政策数量占全部技术创新政策的26.2%。金砖国家技术开发针对的产业重点存在差异，如表5-7所示。其中，印度和南非的技术创新政策产业导向最为明显，印度的政策主要集中在信息产业和医药产业，南非则集中在能源产业。

表5-7 金砖国家重点产业技术创新政策占技术开发政策总数比例

单位：%

	巴西	俄罗斯	印度	中国	南非
能源	11	17	—	3	33
信息	8	3	44	16	
航空航天	—	14	—		
医药	—	—	30		
生物技术	16	11			

资料来源：作者根据搜集的政策文本统计数据自制。

（二）扩散导向型政策目标

扩散导向型政策目标主要包括科技成果转化和消化吸收。科技成果转化作为加快科技进步、推动经济增长方式转变的重要环节（柳卸林等，2012）①，成为

---

① 柳卸林，何郁冰，胡坤. 中外技术转移模式的比较［M］. 北京：科学出版社，2012.

印度主要的扩散导向型政策目标。印度技术创新政策中，约有40.6%的政策旨在促进科技成果转化，远高于其他金砖国家。

金砖国家中俄罗斯最为看重对技术的消化吸收，以消化吸收为目标的技术创新政策占比为62.1%，其次是中国与印度，政策占比分别为46.3%和32.8%。俄罗斯强调科技创新与教育的结合，《2002—2006年俄罗斯科学和高等教育一体化的联邦目标计划》（2001）和《融合俄罗斯联邦教育和科学联邦法修订案》（2007）等政策均提出了促进科教融合的一系列手段，如在为高校提供科技基础设施的同时对学生和技术人员进行相关培训教育，建立科研院所研究生的技术培训计划等。

二、政策工具比较

细数金砖国家683条技术创新政策所使用的政策工具在供给导向、需求导向和环境导向下的布局比例可以发现，政策工具主要以供给导向型和环境导向型为主，需求导向型政策工具的占比较低（见图5-2）。

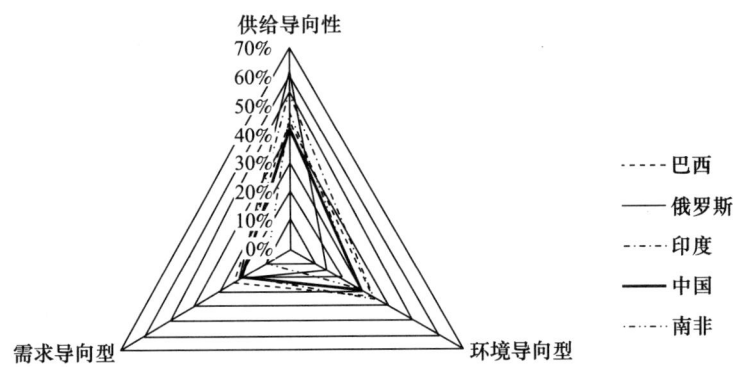

图5-2 金砖国家三种导向政策工具占比

资料来源：作者根据搜集的政策文本统计数据自制。

（一）供给导向型政策工具

在供给导向型政策工具中，金砖国家均重视财政支持、税收优惠及人力资源培养等政策工具的使用，但针对中小（微）型企业的政策工具占比并不高。相比较而言，巴西颁布了较多旨在针对中小（微）型企业的技术创新政策，其占比达15.3%。20世纪70年代，巴西就成立了"小微企业扶持组织"，迄今共设有近800个办事处，专门为小微型企业提供技术支持及相关服务。巴西在《微型和小型企业法》（2007）中立法规定，对小微型企业由原先征收的6项复杂税目整改成一种"超简单税"来扶持小微型企业的发展，并还在一系列补充规定中积极鼓励向微型企业提供低息贷款，采取措施鼓励微型企业出口。当然，相比欧盟等发达国家，巴西针对中小（微）型企业技术创新政策的系统性和有效性依然有很大提升空间。

（二）环境导向型政策工具

金砖国家较多使用行政支持和知识产权保护的环境导向型政策工具。其中，南非的知识产权保护工具使用比例最高，达到27.4%。因子分析中，金砖国家并未在因子中提取出"技术标准制定"政策变量，表明该变量未与其他的环境导向型政策变量构成政策组合。在深入分析中也发现，金砖国家对技术标准制定工具运用的比例也较低。技术标准制定在很大程度上影响着创新的产生及传播（Tassey，2000；OECD，2011）[1][2]，只接纳和使用国外的技术和标准，很难实现技术赶超（Choung，2012）[3]，因此技术落后的国家应该保持甚至提高在标准制定方面的赶超速度（Ratanawaraha，2006）[4]。

（三）需求导向型政策工具

从图5-2中可以发现，金砖国家较少采用需求导向型政策工具。其中，巴西、俄罗斯使用需求导向型政策工具相对较多，比例分别为22.9%和19.8%，两国在需求导向型政策工具选择中更多地采用了国际合作手段，积极鼓励企业通过国际合作开展技术创新的同时更加强调"国际领先"和"与国家优先发展领域"相适应。但是，金砖国家针对政府采购和产学研合作等需求工具的采用比例

---

[1] Tassey G. Standardization in technology-based markets [J]. Res Policy, 2000, 29 (4-5): 587-602.
[2] OECD. OECD中国创新政策研究报告 [M]. 薛澜，柳卸林译. 北京：科学出版社，2011.
[3] Choung J Y, Hameed T, Ji L. Catch-up in ICT standards: Policy, implementation and standards-setting in South Korea [J]. Technological forecasting and social change, 2012, 79 (4): 771-788.
[4] Ratanawaraha A. Late standardization and technological catch-up [D]. USA: MIT, 2006.

都相对较低。一般来说,一国在技术创新政策工具中较多选择需求导向型政策工具,则标志该国政府在技术创新政策引导方面较为成熟(Lin 等,2013)①。金砖国家对技术创新政策需求导向型工具的较少使用,体现五国在技术创新政策设计上尚需进一步完善。

三、政策执行比较

金砖国家技术创新政策在执行维度下主要分为中央和部委,为深入挖掘金砖国家技术创新政策差异,还另外分析了683条政策的颁布形式(见表5-8),具体差异如下:

表5-8 金砖国家政策执行机构占比情况比较

单位:%

国家	政策占比						
	一级机构	二级机构	三级机构	四级机构	中央机构	部委机构	法律形式政策
巴西	17.4	72.1	5.8	4.7	89.5	10.5	19.3
俄罗斯	23.0	67.8	3.4	5.7	90.9	9.1	22.4
印度	16.6	36.7	26.7	5.8	72.7	27.3	31.7
中国	6.8	57.8	15.4	20.0	64.6	35.4	6.8
南非	54.7	9.3	34.7	1.3	64.0	36.0	56.2

资料来源:作者根据搜集的政策文本统计数据自制。

首先,金砖国家"中央"和"部委"机构所颁布的政策占比存在差异。表5-8给出了金砖国家各级机构、"中央"和"部委"机构所颁布的政策占比。从中可见,巴西和俄罗斯由中央机构颁布政策占比较高,均在90%左右;相比之下,中国和南非由中央机构颁布政策占比较低,均在60%左右。

其次,南非的技术创新政策延续性较好。政策通常具有法律、规划、计划、

---

① Lin C C, Yang C H, Shyua Z J. A comparison of innovation policy in the smart gird industry across the pacific: China and the USA [J]. Energy Policy, 2013, 57 (6): 119 – 132.

意见、通知等多种形式，其中法律形式最具权威性和延续性，政策执行力度最强。中国仅有6.8%的政策文件为法律形式（见表5-8），居五国最低。金砖国家中，南非超过半数的技术创新政策为法律形式，多年来变化较少，已建立起以《著作权法》《专利法》《设计法》和《商标法》为主体的较为完善的知识产权保护法律体系，政策具有良好的稳定性和延续性。

最后，中国技术创新政策联合颁布较多。中国的很多相关政策同时由两个或两个以上机构颁布。联合颁布政策容易引起政策重叠，政出多门则会使政策执行乏力（OECD，2011）①。金砖国家中，南非政策全部由单一机构独立颁布。相比之下，中国的技术创新政策常出现由多个部门共同颁布的情况，如《关于支持中小企业技术创新若干政策》（2007）由国家发改委、教育部、科技部、财政部、人事部、人民银行等12个部门联合颁布。

第四节　总　结

本章综合运用聚类分析和因子分析方法，从25个政策变量中提取了22个政策变量，构建了金砖国家技术创新政策"政策目标—政策工具—政策执行"三维比较研究框架，通过Cronbach's α检验也验证了该框架的稳健性。金砖国家"政策目标—政策工具—政策执行"三维比较研究框架中，政策目标维度分为"任务导向型目标"和"扩散导向型目标"，政策工具维度分为"供给导向型政策工具""环境导向型政策工具"和"需求导向型政策工具"，政策执行维度分为"中央机构"和"部委机构"。

运用此三维框架对金砖国家683条技术创新政策进行了初步统计分析。结果显示：中国和巴西的技术创新政策主要以增加知识为主的任务导向型目标为主，而俄罗斯和印度则以传播知识为主的扩散导向型目标为主；金砖国家供给导向型政策工具和环境导向型政策工具使用比例较高，而需求导向型政策工具使用比例较低；金砖国家"中央"和"部委"机构所颁布的政策占比存在差异。

---

① OECD. OECD中国创新政策研究报告［M］. 薛澜，柳卸林译. 北京：科学出版社，2011.

第六章
金砖国家技术创新政策演进研究

上一章已经构建了基于"政策目标—政策工具—政策执行"的金砖国家技术创新政策三维比较研究框架。本章在考虑政策时间效力的基础上,调整构建金砖国家政策数据库,基于三维比较研究框架,运用二元 Logistic 回归分析方法,沿时间轴纵向科学地揭示了中国与俄罗斯、中国与印度、中国与巴西和中国与南非技术创新政策在 1990~1999 年、2000~2005 年、2006~2009 年、2010~2014 年四个分阶段及全阶段的演进差异。

第一节 考虑政策效力的金砖国家政策数据库构建

一、考虑时间效力的数据库调整

政策效力具有一定的时间延续性,因此,某年的政策数量应该既包括该年颁布的政策,也包括之前年份颁布的但在该年仍具有效力的政策,即研究样本的总数不是现有的金砖国家颁布政策数的简单相加,而是在研究期间每年有效力政策数量的加总。例如,印度《商标法》(1999 年版)于 1999 年颁布,于 2003 年修订,该政策的有效期为 1999~2002 年,那么这条政策将在 1999~2002 年的每一年都出现。

基于此，项目组成员对金砖国家 683 条技术创新政策进行时间有效性测算，并根据政策颁布时间与废止时间建立考虑政策效力的金砖国家政策数据库。经过笔者对各国技术创新政策文件的比对，金砖国家 1990～2014 年的有效政策样本总数为 3625 条。其中，中国 1852 条，俄罗斯 507 条，印度 494 条，巴西 399 条，南非 373 条，各国政策按颁布年份分布情况如表 6-1 所示。

表 6-1 考虑政策效力的金砖国家技术创新政策文本统计（时间分布）

年份	中国	俄罗斯	印度	巴西	南非	年份	中国	俄罗斯	印度	巴西	南非
1990	1	3	1	1	1	2003	61	17	20	13	19
1991	69	5	3	3	2	2004	58	17	21	15	18
1992	57	7	3	3	3	2005	50	20	27	17	20
1993	93	11	4	5	4	2006	76	22	33	20	17
1994	76	9	4	7	4	2007	91	25	37	28	18
1995	66	11	5	8	5	2008	93	29	36	28	22
1996	57	11	6	10	11	2009	108	30	33	26	18
1997	51	11	7	12	11	2010	118	34	30	22	18
1998	43	10	7	10	12	2011	117	35	30	27	23
1999	51	11	8	11	14	2012	112	44	41	32	31
2000	50	10	11	9	13	2013	118	56	47	32	31
2001	51	9	14	9	12	2014	122	56	48	36	29
2002	63	14	18	15	16	合计	1852	507	494	399	373

资料来源：作者根据搜集的政策文本统计数据自制。

二、时间段划分

以时间为线索整理金砖国家技术创新政策，根据五个国家政策演进过程中的"根政策"进行分段。基于第四章第二节中对金砖国家技术创新政策"根政策"的介绍，综合考虑金砖国家技术创新政策阶段性特点，将五个国家技术创新政策颁布时间划分为四个阶段：第一阶段为 1990～1999 年，第二阶段为 2000～2005

年，第三阶段为 2006~2009 年，第四阶段为 2010~2014 年，如图 6-1 所示。

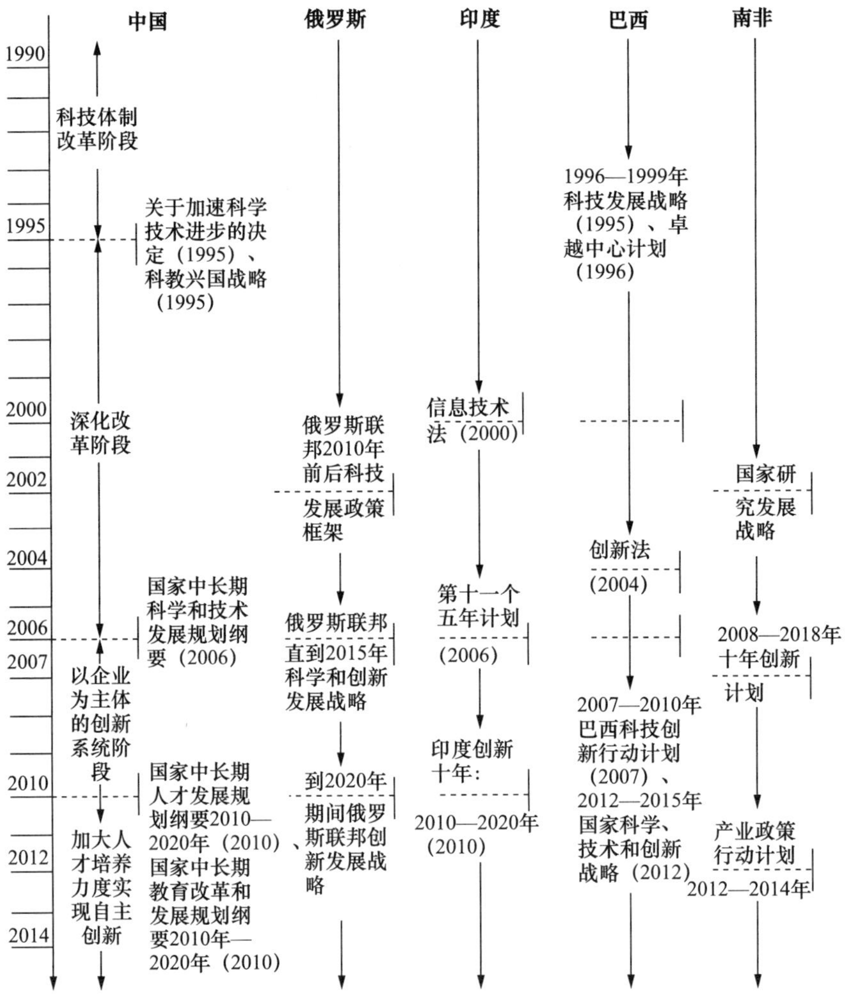

图 6-1 金砖国家技术创新政策阶段划分

资料来源：作者自制。

三、政策描述

根据上述政策阶段划分结果，对金砖国家考虑政策效力的 3625 条政策，从

"政策目标—政策工具—政策执行"三个维度、四个分阶段进行简单的政策统计与描述。

(一) 技术创新政策目标维度

任务导向型政策目标。巴西和中国较其他国家更多地强调以增加知识为主的任务导向型目标（见图6-2a）。巴西以"任务导向型"为目标的政策占比在四个分阶段均位于金砖国家之首，第二阶段最高，为68.8%。中国以"任务导向型"为目标的政策占比除在第一阶段略低于南非外，在第二、第四阶段均仅次于巴西，甚至在第三阶段高于巴西，达到51.2%。

扩散导向型政策目标。俄罗斯和印度更多地强调以传播知识为主的扩散导向型目标的实现（见图6-2b）。俄罗斯和印度以"扩散导向型"为目标的政策占比除在第二阶段略低于中国和南非外，在其他分阶段均高于其他金砖国家。其中，在第一、第三阶段俄罗斯任务导向型目标政策占比最高，分别为76.8%和66.9%；在第四阶段印度的任务导向型目标政策占比最高，为62.8%。

(二) 技术创新政策工具维度

供给导向型政策工具。供给导向型政策工具是金砖国家使用最多的政策工具，如图6-3所示，各金砖国家供给导向型政策工具占比在各个分阶段均较高。值得注意的是，中国使用供给导向型政策工具占比在各个阶段均高于其他金砖国家，第一阶段的占比甚至达到71.4%。另外，印度对供给导向型政策工具的使用增长迅速，其占比从第一阶段的55.1%增长到第四阶段的64.8%。

环境导向型政策工具。金砖国家较多使用环境导向型政策工具，其中俄罗斯使用该类型政策工具最多，四个分阶段的政策占比均在45%以上；但巴西对该类型工具的使用明显较少，除在第三阶段的政策占比达到31.9%以外，其他三个分阶段的平均占比不足22%（见图6-3）。

需求导向型政策工具。金砖国家较少使用需求导向型政策工具，如图6-3所示，除巴西在第一、第四阶段该类型政策工具的占比高于环境导向型政策工具外，其他金砖国家需求导向型政策工具的占比在四个分阶段均低于供给和环境导向型工具。金砖国家中，巴西对需求导向型政策工具的使用在第一、第二、第四阶段均多于其他金砖国家，该三个阶段的平均政策占比达29.1%；中国对该类型

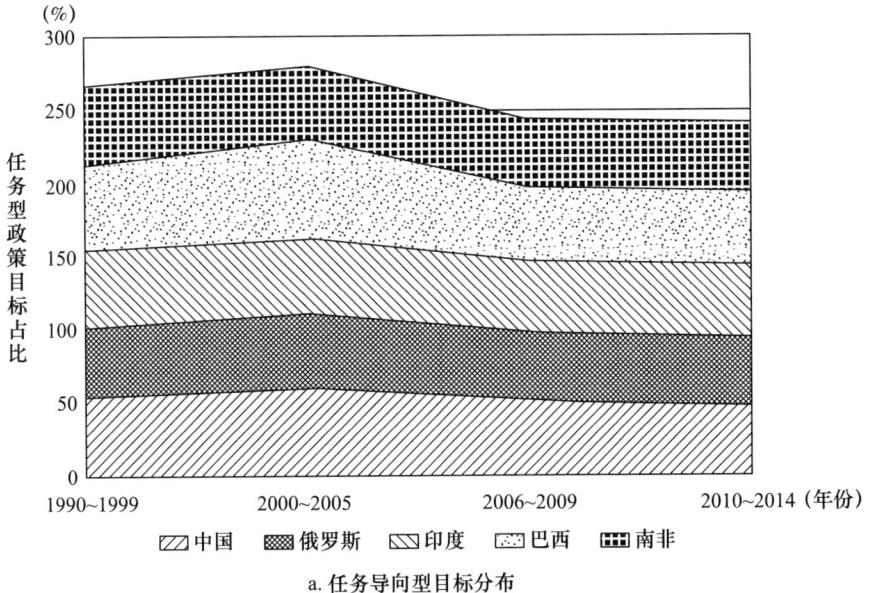

a. 任务导向型目标分布

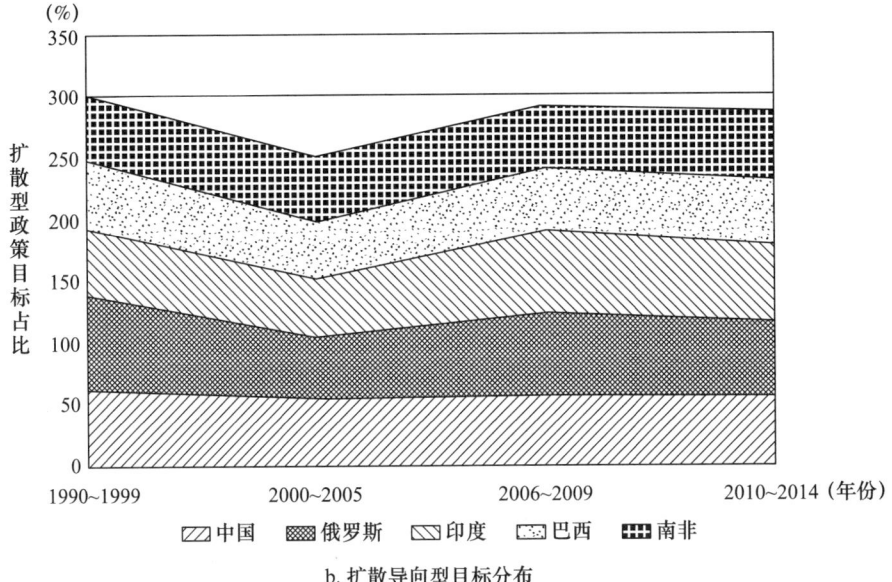

b. 扩散导向型目标分布

图6-2 金砖国家分阶段技术创新政策目标分布

资料来源：作者自制。

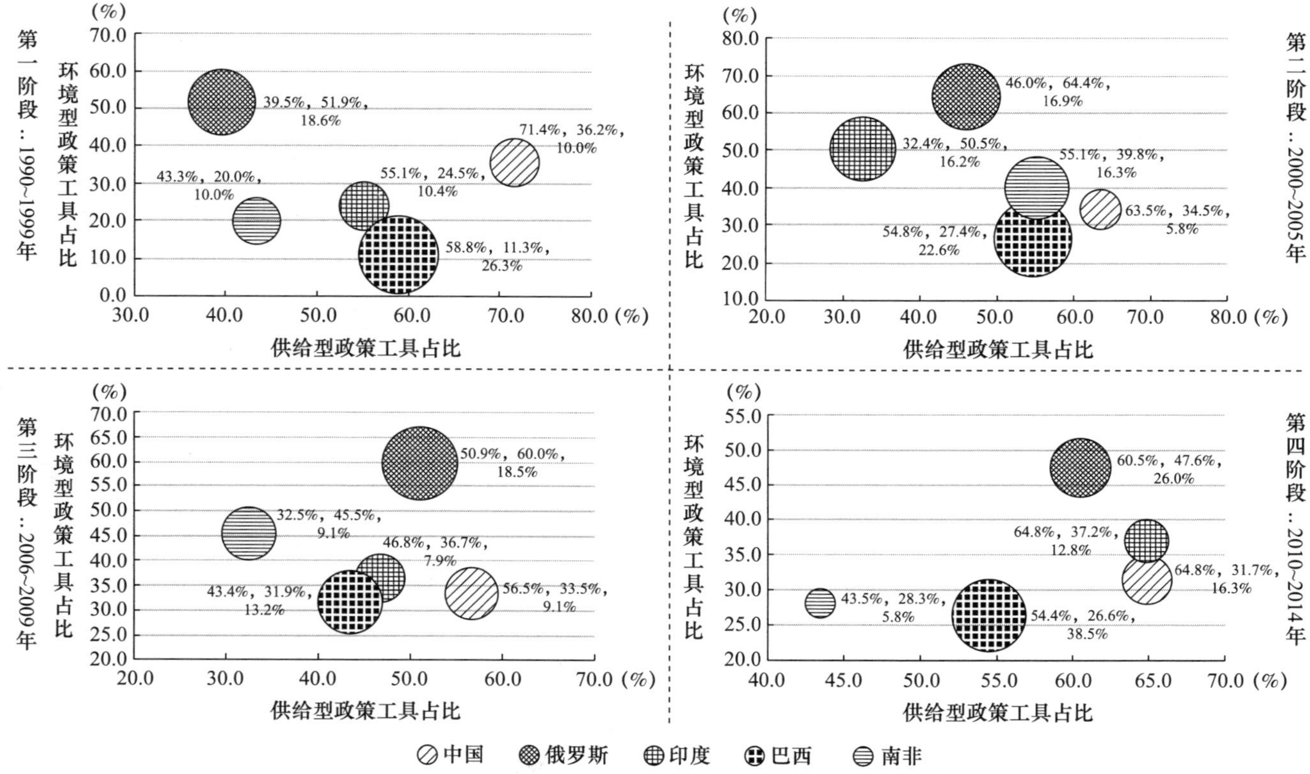

图 6-3 金砖国家分阶段技术创新政策工具分布

注：气泡横坐标表示供给导向型政策工具占比，纵坐标表示环境导向型政策工具占比，气泡面积表示需求导向型政策工具占比。
资料来源：作者自制。

政策工具的使用最少,四个阶段平均占比仅为10.3%,值得注意的是,在第三阶段以后,中国对需求导向型政策工具的使用增长迅速,第四阶段达到16.3%,高于印度和南非。

(三)技术创新政策执行维度

政策颁布机构。如图6-4a所示,金砖国家技术创新政策多由中央机构颁布,

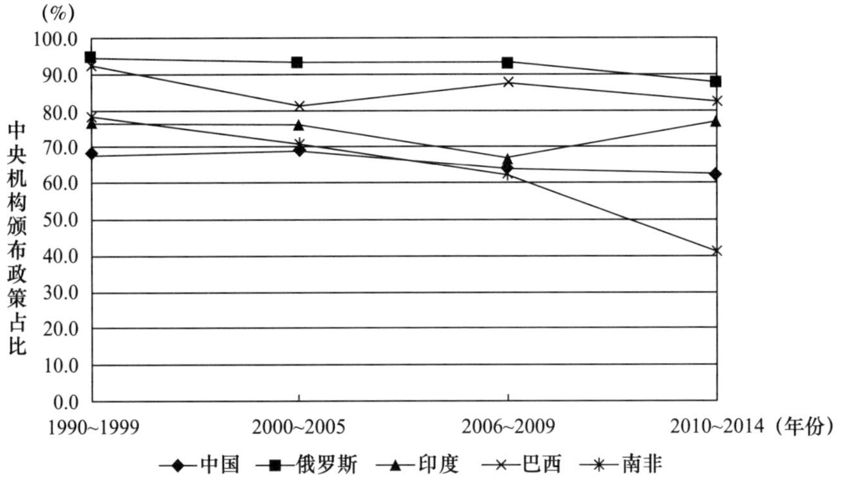

a. 中央机构颁布政策占比

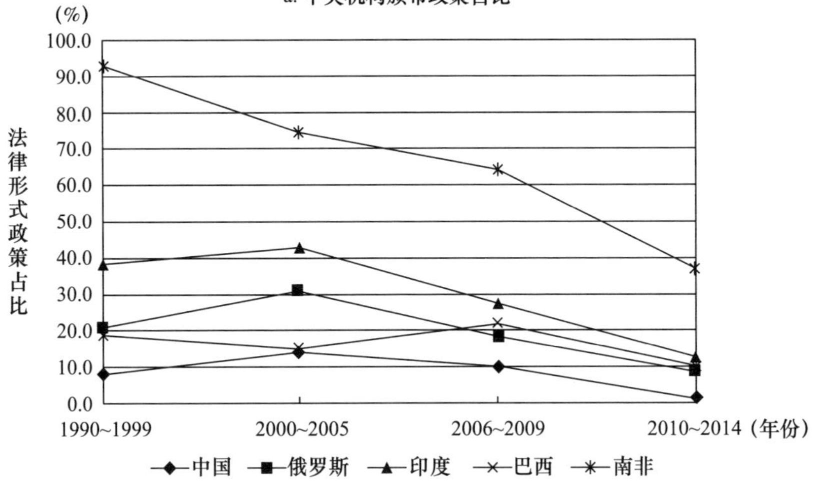

b. 法律形式政策占比

图6-4 金砖国家分阶段技术创新政策执行分布

资料来源:作者自制。

除南非在第四阶段下降到41.3%外，金砖国家由中央机构颁布的政策占比均在60%以上，由部委机构颁布政策相对较少。其中，俄罗斯由中央机构颁布的政策最多，四个分阶段的政策占比均居金砖国家之首。

政策颁布形式。如图6-4b所示，金砖国家中，南非法律形式的政策占比在四个分阶段均最高，而中国占比最低，四个分阶段均不足20%。另外，与图6-4a结合来看，南非由中央机构颁布政策占比随时间变化趋势与其法律形式政策占比的变化趋势基本吻合，表明南非的法律形式的技术创新政策基本上由中央机构颁布。

第二节 政策时间演进比较研究设计

上述政策描述仅从政策占比方面对金砖国家技术创新政策进行了一般性的描述性统计，未能科学、细致地描述金砖国家技术创新政策四个分阶段和全阶段的演进特征。为科学比较、定量描述金砖国家技术创新政策演进差异，本节拟通过对政策变量赋值，采用二元Logistic回归分析方法，分别从四个分阶段和全阶段进行中俄、中印、中巴和中南技术创新政策时间演进比较研究。

一、政策测度与赋值

将中国与俄罗斯（或印度、巴西、南非）的技术创新政策置于同一个数据库之中，对于每一个数据库，针对国家变量、时间变量以及20个政策变量进行赋值，具体步骤如下。

（一）确定国家变量

设定国家变量为C，俄罗斯（或印度、巴西、南非）与中国分别赋值为1和2。

(二) 确定时间变量

针对四个阶段 1990~1999 年、2000~2005 年、2006~2009 年、2010~2014 年设置时间虚拟变量 T_1、T_2、T_3 和 T_4，若某政策样本具有效力的年份处在 T_n 阶段下，则在相应时间变量下赋值 1，否则为 0。例如，印度的《专利法》最早颁布于 1970 年，1999 年进行了修订，则该政策从 1990~1999 年具有效力，故在 T_1 变量下赋值为 1，在 T_2、T_3 和 T_4 变量下赋值为 0。

(三) 构建 $C \cdot T_n$ 变量

将国家变量依次与时间变量相乘，得到 4 个能够同时反映国家差异与时间变化的变量 $C \cdot T_n$，即 $C \cdot T_1$、$C \cdot T_2$、$C \cdot T_3$ 和 $C \cdot T_4$。得到的数值结果有 0、1 和 2 三种情况，结果为 0 时表示该政策在相应阶段下不具有效力，结果为 1 时表示除中国以外的另一个国家（俄罗斯、印度、巴西、南非）的政策在相应阶段下具有效力，结果为 2 时表示中国政策在相应阶段下具有效力。

(四) 确定政策变量

第五章构建三维比较框架之初选取了 25 个政策变量，但框架构建完成时已剔除了"信息支持""技术标准制定"和"产学研合作"3 个无法归类的变量，因此可用于进行金砖国家技术创新政策实际比较的政策变量为 22 个。另外，为了便于描述进一步的时间演进比较研究，本章将"对中型企业的技术支持""对小型企业的技术支持"和"对微型企业的技术支持"3 个变量合并为"对中小（微）型企业的技术支持"，故本章所研究的政策变量总数为 20 个。

(五) 政策变量赋值

金砖国家技术创新政策目标、工具和执行下的 20 个变量均为虚拟变量，赋值的基本原则是若某政策具有某种政策目标、使用了某种政策工具、具有某种政策执行特征，则在相应变量下赋值为 1，否则为 0（见表 6-2）。需要特别说明的是：

第一，一条政策可能同时具有两种及两种以上政策目标、同时使用两种及两种以上政策工具、由分属不同级别的两个或两个以上机构联合颁布，此时将该政

表6-2 金砖国家技术创新政策时间演进比较政策变量说明

政策维度	变量名称	变量描述	变量类型
政策目标	技术开发	基于研究、实际经验和外部引进技术,开发新技术、新产品、新工艺等	虚拟变量
	技术引进	通过贸易或经济技术合作引进境外先进适用技术	虚拟变量
	技术出口	通过贸易或经济技术合作向境外出口技术	虚拟变量
	消化吸收	获取外部先进技术后,学习该技术包含的知识信息,将之用于生产和服务活动	虚拟变量
	科技成果转化	实现科技成果的应用和推广、工艺化、产品化、商业化和产业化等	虚拟变量
政策工具	对中小(微)型企业的技术支持	政府对中小(微)型企业提供财政、税收、金融、技术辅导与咨询、基础设施建设等支持	虚拟变量
	财政支持	政府资金投入、政府提供补贴和折旧支持等	虚拟变量
	基础设施建设	提供与技术创新相关领域的公共基础设施与设备	虚拟变量
	人力资源培养	建立和完善人才教育与培训体系,实现人才的国际流动,通过提供薪酬、福利、奖金吸引和奖励人才	虚拟变量
	金融支持	拓宽融资渠道,提供贷款优惠、保险以及风险控制	虚拟变量
	税收优惠	给予免税、减税、加速折旧、贴息等优惠	虚拟变量
	行政支持	放宽审批、配额、许可证等限制,简化行政程序,为技术创新活动制定相关规则、计划,划定相关责任和义务,对技术创新活动进行组织、控制与监督等	虚拟变量
	知识产权保护	立法保护科技成果的发明者或拥有者对科技成果在一定期限内的占有权和使用权,包括版权和工业产权	虚拟变量
	政府采购	国家机关或组织使用财政性资金优先购买货物、工程或服务	虚拟变量
	国际合作	提供国际合作机会和平台	虚拟变量
政策执行	一级机构	最高立法机构是否参与	虚拟变量
	二级机构	国务院及其各部委是否参与	虚拟变量
	三级机构	国务院直属特设机构或委员会是否参与	虚拟变量
	四级机构	局级行政机构是否参与	虚拟变量

资料来源:作者自制。

策所涉及的每种目标、工具或颁布机构级别同时赋值为1,其他未涉及变量赋值为 0。例如，巴西《建立国家技术教育系统的决定》（1994）具有消化吸收和科技成果转化两种政策目标，则在这两种政策目标下同时赋值为 1，在"技术开发""技术引进"和"技术出口"目标下赋值为 0；该政策使用了财政支持、基础设施建设、人力资源培养和产学研合作四种政策工具，则在这四种政策工具下同时赋值为 1，在其他政策工具下赋值为 0。

第二，每条政策会出现在其有效期期间的每一年中，则每一年出现的该政策具有相同的赋值。例如，《中华人民共和国科技进步法》（1993）于 1993 年颁布，于 2007 年修订，该法的有效期为 1993~2006 年。该政策的目标包括技术开发、技术引进等全部五种，使用的政策工具有信息支持、财政支持、基础设施建设、金融支持等八种。该政策是由全国人大颁布的法律形式的政策。因此，对于出现在 1993~2006 年每一年的《中华人民共和国科技进步法》（1993），均在全部五种政策目标、该政策使用的八种政策工具、"一级机构"和"法律形式"下赋值为 1，在其他政策变量下赋值为 0。

二、政策比较

使用二元 Logistic 回归分析方法对中俄、中印、中巴和中南的技术创新政策作分阶段和全阶段对比分析，步骤如下：

第一，分阶段二元 Logistic 回归。以 C·T_n 变量作为协变量、20 个政策变量分别作为因变量依次进行二元 Logistic 回归，得到中俄、中印、中巴和中南在四个时间阶段下政策目标、工具和执行变量的国家差异。

第二，全阶段二元 Logistic 回归。以国家变量 C 作为协变量、20 个政策变量分别作为因变量依次进行二元 Logistic 回归，得到中俄、中印、中巴和中南在全阶段下政策目标、工具和执行变量的国家差异。其中，回归系数为正代表中国较其他金砖国家更多使用相关政策工具、具有相关政策目标或政策执行特征，反之则反是。

使用二元 Logistic 回归分析方法对中国与俄罗斯、中国与印度、中国与巴西和中国与南非的技术创新政策分别作四个分阶段和全阶段对比分析，四组二元 Logistic 回归结果分别如表 6-3、表 6-4、表 6-5 和表 6-6 所示。

表6-3 中俄二元 Logistic 回归分析结果

变量类型	变量名称	1990~1999年	2000~2005年	2006~2009年	2010~2014年	全阶段
政策目标	技术开发	0.234***	0.218**	0.324***	0.205**	0.225**
	技术出口	0.111	0.455*	0.589**	0.571*	0.537*
	技术引进	0.291	-0.194	-0.290**	-0.102*	-0.281
	消化吸收	-0.740***	-0.753***	-0.691***	-0.708***	-0.727***
	科技成果转化	1.606***	1.369***	0.967***	1.224***	1.426***
政策工具	对中小（微）型企业的技术支持	-0.347	-0.633***	0.772*	-0.261**	-0.134
	财政支持	-2.938***	-2.493***	-2.436***	-2.287***	-2.552***
	基础设施建设	-2.680***	-2.938***	-3.193***	-2.806***	-2.792***
	金融支持	0.015	0.127	0.252	0.319	0.181
	税收优惠	-0.247	0.317*	0.217	0.229	0.078
	人力资源培养	-0.287	-0.447	-0.563***	0.539***	0.391
	行政支持	0.382**	0.404**	0.240	0.192	0.328**
	知识产权保护	-0.315**	-0.287**	-0.378***	-0.338***	-0.330***
	政府采购	-1.439	-0.105	-0.416***	-0.285**	-0.331**
	国际合作	-0.937***	-1.393***	-1.715***	-1.386***	-1.109***
政策执行	一级机构	-1.166***	-0.836***	-0.380	-0.517	-1.087***
	二级机构	1.414***	1.540***	1.302***	1.173***	1.354***
	三级机构	-1.255	-4.023***	-2.967***	-2.720***	-3.079***
	四级机构	0.807***	0.468**	0.894***	1.041***	0.863***
	法律形式	-2.095***	-1.918**	-2.314***	-2.942***	-2.038***

注：*、**和***分别表示在10%、5%和1%水平下显著。

资料来源：作者根据 SPSS 18.0 软件运行结果自制。

表6-4 中印二元 Logistic 回归分析结果

变量类型	变量名称	1990~1999年	2000~2005年	2006~2009年	2010~2014年	全阶段
政策目标	技术开发	0.221	-0.019	-0.121*	-0.251**	-0.007
	技术出口	-0.226	-0.330	-0.872***	-1.028***	-0.425***
	技术引进	0.449***	0.282**	0.043	0.135**	0.257**
	消化吸收	-0.102	-0.643***	-0.501***	-0.587***	-0.368**
	科技成果转化	-0.177*	-0.054	-0.059	-0.130*	-0.086

续表

变量类型	变量名称	1990~1999年	2000~2005年	2006~2009年	2010~2014年	全阶段
政策工具	对中小（微）型企业的技术支持	-0.365**	-0.236*	-0.086	-0.105*	-0.224*
	财政支持	0.324***	0.121	0.256**	0.333***	0.252***
	基础设施建设	0.318**	0.467***	0.174*	0.135	0.298**
	金融支持	0.960***	0.744***	0.712***	0.825***	0.843***
	税收优惠	0.318***	0.307**	0.287**	0.183	0.299***
	人力资源培养	0.887***	0.942***	0.871***	0.951***	0.909***
	行政支持	0.495***	0.619***	0.448***	0.240*	0.471***
	知识产权保护	-0.347***	-0.360**	-0.343**	-0.224*	-0.276**
	政府采购	-1.060***	-0.178	0.068	-0.181	-0.292*
	国际合作	0.582***	0.201*	-0.134	0.077	0.281**
政策执行	一级机构	18.806	19.137	18.897	18.616	18.902
	二级机构	0.084	0.174	-0.109	0.090	0.065
	三级机构	-1.406***	-1.495***	-0.760***	-0.585**	-0.965***
	四级机构	0.754***	0.817***	1.225***	0.207***	0.972***
	法律形式	-1.368***	-1.033***	-1.373***	-1.903***	-1.272***

注：*、**和***分别表示在10%、5%和1%水平下显著。

资料来源：作者根据 SPSS 18.0 软件运行结果自制。

表6-5　中巴二元 Logistic 回归分析结果

变量类型	变量名称	1990~1999年	2000~2005年	2006~2009年	2010~2014年	全阶段
政策目标	技术开发	-0.448***	-0.413***	-0.120	-0.088	-0.329***
	技术出口	-0.099	-0.124	-0.496***	-0.699***	-0.273**
	技术引进	0.938***	0.796***	0.610*	0.556	0.750***
	消化吸收	0.686***	0.255*	0.460**	0.377***	0.495***
	科技成果转化	-0.257*	-0.001	0.087	-0.113	-0.127
政策工具	对中小（微）型企业的技术支持	-0.210**	-0.271**	-0.250*	-0.154	-0.237**
	财政支持	0.348***	0.297**	0.267**	0.433	0.344***
	基础设施建设	0.365*	0.177	-0.370*	-0.472*	0.015
	金融支持	0.990***	0.821***	0.748***	0.913***	0.896***

续表

变量类型	变量名称	1990~1999年	2000~2005年	2006~2009年	2010~2014年	全阶段
政策工具	税收优惠	0.882***	0.889***	0.786***	0.723***	0.828***
	人力资源培养	0.407***	0.511***	0.449***	0.456***	0.446***
	行政支持	0.284**	0.413***	0.332***	0.191	0.297***
	知识产权保护	0.312**	0.611***	0.562***	0.690***	0.522***
	政府采购	-1.295***	-0.138	-0.145	-0.182	-0.244
	国际合作	0.696***	0.263**	0.109	0.246**	0.399***
政策执行	一级机构	-0.804***	-0.396**	-0.781***	-1.124***	-0.714***
	二级机构	0.193	0.095	0.132	0.292**	0.183
	三级机构	0.963***	1.067***	1.641***	1.707***	1.398***
	四级机构	1.260***	1.237***	1.633***	1.685***	1.453***
	法律形式	-0.971***	-0.734***	-0.955***	-1.329***	-0.953***

注：*、**和***分别表示在10%、5%和1%水平下显著。

资料来源：作者根据SPSS 18.0软件运行结果自制。

表6-6　中南二元Logistic回归分析结果

变量类型	变量名称	1990~1999年	2000~2005年	2006~2009年	2010~2014年	全阶段
政策目标	技术开发	-0.010	0.029	0.319**	0.166	0.120
	技术出口	0.851***	0.848***	0.281	0.128	0.670***
	技术引进	1.811***	1.690***	1.350***	0.339***	1.547***
	消化吸收	0.783***	0.409***	0.774***	0.404***	0.628***
	科技成果转化	-0.443**	-0.224	-0.140	-0.287	-0.305*
政策工具	对中小（微）型企业的技术支持	0.207	0.459***	0.477***	0.427***	0.402***
	财政支持	0.344**	0.280**	0.295***	0.467***	0.347***
	基础设施建设	0.095	0.118	-0.373***	-0.386***	-0.105*
	金融支持	0.554***	0.434***	0.256*	0.390***	0.423***
	税收优惠	0.316**	0.331**	0.174	0.119	0.241*
	人力资源培养	0.324**	0.813***	0.611***	0.523***	0.525***
	行政支持	0.486***	0.594***	0.427***	0.306***	0.455***
	知识产权保护	-0.814***	-0.865***	-0.823***	-1.083***	-0.848***
	政府采购	-0.943***	-0.082	0.211	-0.165	-0.133
	国际合作	0.897***	0.544***	0.273*	0.455***	0.580***

续表

变量类型	变量名称	1990~1999年	2000~2005年	2006~2009年	2010~2014年	全阶段
政策执行	一级机构	-1.287***	-1.046***	-1.204***	-0.489**	-1.237***
	二级机构	**0.969***	**0.993***	-0.798***	-0.794**	**0.884***
	三级机构	-1.584***	-1.441***	-0.836***	-0.651***	-0.974***
	四级机构	**1.598***	**1.562***	**1.958***	**1.976***	**1.787***
	法律形式	-2.825***	-2.660***	-2.937***	-3.633***	-2.777***

注：*、**和***分别表示在10%、5%和1%水平下显著。

资料来源：作者根据SPSS 18.0软件运行结果自制。

表中粗体显示的数据若为正，代表中国该变量下的政策数量占比显著高于另一个国家；若为负，则代表另一个国家该变量下的政策数量占比显著高于中国；非粗体数据则代表中国和另一个国家在该项下没有显著差异。

本章将在第三节、第四节、第五节和第六节分别对中俄、中印、中巴和中南技术创新政策演进差异进行详细分析。

第三节　中俄技术创新政策演进研究

中国和俄罗斯在政策目标、政策工具和政策执行方面具有较为显著的国别差异，且在不同阶段、不同政策变量下体现的差异也有所不同。整理第二节表6-3中俄技术创新政策二元Logistic回归数据结果，得到中俄在各变量下的政策数量差异，如表6-7所示。

表6-7　分阶段和全阶段下中俄技术创新政策差异

变量类型	变量名称	1990~1999年		2000~2005年		2006~2009年		2010~2014年		全阶段	
		中	俄	中	俄	中	俄	中	俄	中	俄
政策目标	技术开发	多		多		多		多		多	
	技术出口	不显著			多		多		多		多
	技术引进	不显著		不显著			多		多		多
	消化吸收		多		多		多		多		多
	科技成果转化	多		多		多		多		多	

第六章　金砖国家技术创新政策演进研究

续表

变量类型	变量名称	1990~1999年		2000~2005年		2006~2009年		2010~2014年		全阶段	
		中	俄	中	俄	中	俄	中	俄	中	俄
政策工具	对中小（微）型企业的技术支持	不显著			多	多			多		多
	财政补贴		多		多		多		多		多
	金融支持	不显著		不显著		不显著		不显著		不显著	
	税收优惠	不显著			多	不显著		不显著		不显著	
	人力资源培养	不显著		不显著		多	多				多
	技术标准制定	不显著			多	不显著		不显著		不显著	
	行政支持	多		多		不显著		不显著		多	
	知识产权保护		多		多		多		多		多
	政府采购	不显著		不显著		多		多		多	
	其他政策工具	不显著		不显著		不显著		不显著		不显著	
政策执行	一级机构		多		多	不显著		不显著			多
	二级机构	多		多		多		多		多	
	三级机构	不显著		多		多		多		多	
	四级机构	多		多		多		多		多	
	法律形式		多		多		多		多		多

资料来源：作者根据表 6-3 整理所得。

一、第一阶段：1990~1999 年

（一）技术创新政策目标

第一，中国在该阶段比俄罗斯更强调技术开发和科技成果转化目标的实现。技术开发就是通过科学研究创造出新的技术、产品或工艺；科技成果转化是指推广和应用技术开发得到的有实用价值的科技成果，实现其商业化和产业化。1990~1999 年，中国的技术创新追求创新技术的产出和增加，1995 年和 1996 年颁布的《关于加速科技进步决定》和《中华人民共和国促进科技成果转化法》，指导并带动了技术开发与科技成果转化活动的进行。中国 1995~1999 年专利申

请授权量平均增长率为 23.6%，高于同期俄罗斯 20.8% 的水平①。

第二，俄罗斯在该阶段比中国更强调消化吸收目标的实现。消化吸收对企业将外部知识转化为技术创新绩效发挥着重要的推动作用（Gao 等，2008；Andrea 和 Tribó，2008；Lewin 等，2011）②③④。俄罗斯主要通过加强科研人才的培养鼓励消化吸收，如《俄罗斯联邦关于国家科学中心决定》（1993）和《俄罗斯科学和国家科学技术政策联邦法》（1996）等均提出为培养高素质的科研人才提供资金支持、购买相关技术文献和提供相关技术信息。

（二）技术创新政策工具

第一，中国比俄罗斯更多使用行政支持工具。行政支持工具通过减少和简化行政限制与程序、制订战略计划等为企业技术创新活动提供支持。在 1990 ~ 1999 年这一阶段，中国大量通过行政支持工具鼓励企业技术创新，大约有 33.6% 的政策使用了该工具。

第二，俄罗斯比中国更多使用知识产权保护立法。俄罗斯知识产权保护立法较早，以《俄罗斯专利法》（1992）、《俄罗斯商标法》（1992）、《俄罗斯联邦商品商标和商品原产地名称法》（1992）和《计算机软件和数据库保护法》（1992）等为根基，形成了相对完善的知识产权保护法律体系。

（三）技术创新政策执行

第一，颁布机构差异。俄罗斯技术创新政策颁布机构级别较高，多由一级机构颁布，即俄罗斯最高立法机构议会。中国的技术创新政策多由二级和四级机构颁布，二级机构是指国务院及其下属的各部委，四级机构是指局级行政机构。在这一阶段，中国颁布政策最多的二级机构是科技部，颁布政策最多的四级机构是国家税务总局。

---

① 资料来源：根据 OECD 官方网站数据库 http://stats.oecd.org/数据计算整理得到。
② Gao S X, Xu K, Yang J. Managerial ties, absorptive capacity and innovation [J]. Asia Pacific Journal of Management, 2008, 25 (3): 395 – 412.
③ Andrea F, Tribó J A. Exploring the antecedents of potential absorptive capacity and itsimpact on innovation performance [J]. The International Journal of Management Science, 2008, 36 (2): 173 – 187.
④ Lewin A Y, Massini S, Peeters C. Microfoundations of internal and external absorptivecapacity routines [J]. Organization Science, 2011, 22 (1): 81 – 89.

第二，政策形式差异。在该阶段，俄罗斯的技术创新政策多以法律形式存在；而中国的技术创新政策多以"办法""意见""通知"等形式出现，占比为69.1%，法律形式的政策占比仅为2%。

二、第二阶段：2000~2005年

（一）技术创新政策目标

中国比俄罗斯更加关注技术出口目标，特别是高技术产品的出口。中国在2000年制定了《中国高新技术产品出口目录》（以下简称《目录》），基于此在《关于推动高新技术产品出口的指导性意见》（2000）中提出对列入《目录》中的所有产品的出口施行税收和信贷优惠等鼓励措施，在《关于进一步实施科技兴贸战略的若干意见》（2005）中又进一步指出对符合条件的出口企业给予资金和金融支持。

（二）技术创新政策工具

第一，中国在第二阶段比俄罗斯使用了更多的税收优惠政策工具。税收优惠是鼓励技术创新活动最直接和行之有效的手段之一。2000年以后，伴随着中国对技术出口目标的关注，中国逐渐增加使用税收优惠工具。例如，《关于推动高新技术产品出口的指导性意见》（2000）对符合要求的高新产品出口施行全额退税，《关于鼓励软件产业和集成电路产业发展有关税收政策问题的通知》（2000）则具体针对软件产业和集成电路产业的企业所得税、增值税等制定了多项优惠政策。

第二，俄罗斯通过更丰富的中小（微）企业创新政策工具鼓励创新。与大型企业相比，中小（微）企业对市场具有更强的适应性，更具有创新活力与动力。但是中小（微）型企业却普遍面临着规模小、资源少、高投入、高风险等许多不利的风险因素（Pissarides, 1999）①。俄罗斯对中小（微）企业最重要的

---

① Pissarides F. Is lack of funds the main obstacle to growth? [J]. Journal of Business Venturing, 1999, 14 (5-6): 519-539.

立法始于上一阶段的《国家支持俄罗斯联邦小企业法》(1995)。本阶段，在该法律的指导下，《扶持和发展小企业国家政策构想》(2001)从信贷、税收、立法、信息支持、不动产使用、市场竞争、人才培养和政府扶持八个方面设计了对小企业的扶持政策；2002年的俄罗斯政府会议进一步针对小企业税收优惠拟定草案，规定将利润税、销售税、财产税、社会税和增值税合并为单一税种，大幅减少了小企业赋税。

（三）技术创新政策执行

第二阶段中，俄罗斯三级机构颁布政策数量显著多于中国。俄罗斯该阶段所颁布的政策主要来自于政府技术创新委员会、科学技术和教育委员会等，这些机构颁布的政策多以"计划"和"决定"形式存在，旨在落实前一阶段颁布的各项法律，如在《俄罗斯联邦教育法》(1992)的指导下颁布了《俄罗斯2002—2006年科学与教育一体化的联邦目标计划》(2001)，在《国家支持俄罗斯联邦小企业法》(1995)的指导下颁布了《扶持和发展小企业国家政策构想》(2001)等。

三、第三阶段：2006~2009年

（一）技术创新政策目标

第三阶段中，俄罗斯较中国更加强调技术引进。技术引进指一国向其他国家以一定的方式获得先进适用的技术。技术引进有利于发展中国家在发达国家先进技术的基础上实现赶超。俄罗斯的技术引进目标多与其未来重点发展的产业相关联，如21.1%的政策都提到俄罗斯未来须加强能源、航空等领域的技术引进。

（二）技术创新政策工具

第一，中国在第三阶段针对中小（微）型企业支持工具的使用显著多于俄罗斯。中国在《中华人民共和国中小企业促进法》(2002)的指导下，制定了一系列政策来促进中小企业技术创新，如《关于加强中小企业信用担保体系建设的意见》(2006)提出通过推进担保机构与金融机构的合作来为中小（微）企业拓

宽融资渠道、减少审批障碍,《国务院关于进一步促进中小企业发展的若干意见》(2009) 进一步指出要不断完善和落实针对中小(微)企业的金融政策、政府采购政策等。

第二,俄罗斯使用了更多的人力资源培养工具。人力资源培养工具是指吸引和奖励人才、鼓励人才的国际流动、建立和完善人才培养体系等。人才是技术创新所需知识储备的载体,使用人力资源培养工具对提高企业技术创新能力具有正向影响(Chen 和 Huang,2009)①。《俄罗斯 2009—2013 年创新研究和科学教学人员目标计划》(2008) 提出为培养技术创新人才举办创新人才大会,总投资超过 9 亿卢布(约 1600 万美元)。

四、第四阶段:2010~2014 年

中俄两国在政策目标和政策执行方面的差异较第三阶段没有显著变化,差异主要集中在政策工具方面。

第一,中国比俄罗斯更多采用了人力资源培养工具。由表 6-7 可知,俄罗斯曾在第三阶段比中国更多使用人力资源培养工具,而中国则在本阶段超过了俄罗斯。为落实《国家中长期科学和技术发展规划纲要 2006—2020 年》(2006),第四阶段中国又颁布了《国家中长期人才发展规划纲要(2010—2020 年)》(2010)、《国家中长期教育改革和发展规划纲要》(2010) 和《国家中长期科技人才发展规划》(2011)。以三份《纲要》文件为指导,为科技人才制定了具体的发展计划。

第二,俄罗斯对中小(微)型企业颁布的政策数量显著多于中国。俄罗斯在 2007 年颁布了《俄罗斯中小企业发展法》,确定了"中小企业"的划分标准,形成从资金、税收、信息等多方面扶持中小(微)型企业发展的政策体系。进入 2010~2014 年这一阶段,俄罗斯加大对创新型中小企业的扶持,《关于更改俄罗斯联邦税典为创新活动创造优惠税收条件》(2011) 提出为企业和个人投资创新领域提供税收优惠。此外,俄罗斯设立了俄罗斯中小企业银行。截至 2011 年,

---

① Chen C J, Huang J W. Strategic human resource practices and innovation performance—the mediating role of knowledge management capacity [J]. Journal of Business Research, 2009, 62 (1): 104-114.

俄罗斯中小企业银行共提供专项融资1481亿卢布（约26.5亿美元），有3.6万家中小（微）型企业得到了专项融资支持。

五、小结

本节基于二元Logistic回归方法，科学地揭示了中俄两国技术创新政策目标、工具和执行三个方面在1990~1999年、2000~2005年、2006~2009年、2010~2014年四个时间段及全阶段的演进差异，结合表6-7中全阶段和分阶段的比较结果，得到如下结论。

（一）技术创新政策目标维度

中国更多关注技术开发、技术出口和科技成果转化目标的实现，俄罗斯则更强调消化吸收目标，这一特点体现在全阶段和多个分阶段。其中，中国在全阶段和四个分阶段均比俄罗斯更关注技术开发与科技成果转化，从2000~2005年这一阶段开始更加显著强调技术出口目标；俄罗斯则在全阶段与各个分阶段始终强调消化吸收目标。

（二）技术创新政策工具维度

俄罗斯在财政补贴、针对中小（微）型企业的技术支持、知识产权保护、技术标准制定等多种政策工具的使用上显著多于中国，这体现在全阶段和多个分阶段。中国在个别分阶段较俄罗斯显著使用行政支持、税收优惠等政策工具，如在第一、第二和全阶段显著使用行政支持工具，在第二阶段较俄罗斯更多使用税收优惠工具，在2010~2014年这一阶段更多使用人力资源培养工具等。

（三）技术创新政策执行维度

中国的政策在各阶段均较多由二级、四级机构颁布，俄罗斯的政策在第一和第二阶段较多由一级机构颁布，从第二阶段开始较多由三级机构颁布，即中国的政策多由国务院下属的各部委以及局级单位颁布，俄罗斯的政策多由最高立法机构议会和与技术创新相关的委员会颁布。另外，俄罗斯较之中国在各分阶段与全阶段均颁布了更多的以"法律"形式为主的政策，政策占比为22.4%。细数中国的技术创新政策，从全阶段来看，出现最多的政策形式为"办法"，其政策占比为25.3%；其次是"通知"，政策占比为24.7%；而以"法律"为形式的政策占比仅有6.8%。

第四节　中印技术创新政策演进研究

中国和印度在政策目标、政策工具和政策执行方面具有较为显著的国别差异，且在不同阶段不同政策变量下体现的差异也有所不同。整理第二节表6-4中印技术创新政策二元Logistic回归数据结果，得到中印在各变量下的政策数量差异，如表6-8所示。

表6-8　分阶段和全阶段下中印技术创新政策差异

变量类型	变量名称	1990~1999年 中	印	2000~2005年 中	印	2006~2009年 中	印	2010~2014年 中	印	全阶段 中	印
政策目标	技术开发	不显著		不显著		多		多		不显著	
	技术出口	不显著		不显著			多		多		多
	技术引进	多		多		多		多		多	
	消化吸收	不显著			多		多		多		多
	科技成果转化		多	不显著		不显著			多	不显著	
政策工具	信息支持		多		多	不显著		不显著			多
	对中小（微）型企业的技术支持		多		多	不显著			多		多
	财政支持	多		不显著		多		多		多	
	基础设施建设	多		多		多		不显著		多	
	金融支持	多		多		多		多		多	
	税收优惠	多		多		多		多		多	
	人力资源培养	多		多		多		多		多	
	技术标准制定	不显著		不显著		不显著		不显著		不显著	
	行政支持	多		多		多		多		多	
	知识产权保护		多		多		多		多		多

续表

变量类型	变量名称	1990~1999年 中	1990~1999年 印	2000~2005年 中	2000~2005年 印	2006~2009年 中	2006~2009年 印	2010~2014年 中	2010~2014年 印	全阶段 中	全阶段 印
政策工具	政府采购		多	不显著		不显著		不显著			多
政策工具	产学研合作	不显著			多	不显著			多	不显著	
政策工具	国际合作	多		多			不显著		不显著	多	
政策执行	一级机构	不显著		不显著		不显著		不显著		不显著	
政策执行	二级机构	不显著		不显著		不显著		不显著		不显著	
政策执行	三级机构		多		多		多		多		多
政策执行	四级机构	多	多		多		多		多		多
政策执行	法律形式		多		多		多		多		多

资料来源：作者根据表6-4整理所得。

一、第一阶段：1990~1999年

（一）技术创新政策目标

第一，中国比印度更强调技术引进目标的实现。中国在第一阶段非常强调引进国外先进技术提高我国技术创新能力。《国家中长期科学技术发展纲领》（1992）、《关于加速科技进步决定》（1996）等政策均提出坚持自力更生、自主开发与引进技术相结合的方针，避免盲目和重复引进。为了调节技术引进结构，避免重复引进，中国还颁布了《关于运用税收优惠推动技术引进结构优化的暂行规定》（1991），运用税收手段优化技术引进结构。

第二，印度以科技成果转化为目标的政策数量显著高于中国。在该阶段，印度有43.7%的政策提到了"科技成果转化"目标，显著高于中国同期的34.2%。印度强调技术创新的产业化，在《新技术政策声明》（1993）中就确定了信息技术产业、医药产业、微电子产业、生物技术产业等重点发展的产业领域。印度对通过认证的科技成果转化机构为从事成果转化活动而采购的设备减免税，从事成果产业化研究所得收入若再投入研发也实施减免税优惠，且国家计划产业化研究项目的研发开支可抵扣125%。

(二) 技术创新政策工具

第一，中国比印度更显著使用人力资源培养工具。中国对人力资源培养的重视多方面体现在政策中，如《关于给做出突出贡献的专家、学者、技术人员发放政府特殊津贴的通知》(1991) 为具有突出科研成果的人员发放国务院特殊津贴，《非教育系统留学回国人员择优资助经费有偿使用暂行办法》(1992) 通过为非教育系统留学人员提供科研借款 10 万～25 万元来吸引海外人才回国从事科学研究等。

第二，印度较中国更多使用政府采购工具。政府采购能够有效降低创新企业进入市场的风险，与 R&D 财政支持等政策工具相比，政府采购能更有效地激励技术创新（Geroski, 1990; Aschhoff 和 Sofka, 2009）[1][2]。印度虽然没有颁布专门的政府采购法律，但重视通过政府采购手段鼓励技术创新。例如，印度政府规定在军事和国防等领域必须采购和使用国产软件；再如，《卫星通信政策框架》(1997) 指出，外国卫星的使用仅限于个别领域，政府鼓励使用本国卫星。

第三，印度比中国更显著使用对中小（微）型企业的技术支持工具。印度对中小（微）型企业的关注起步较早，在第一阶段就大力支持中小（微）型企业的技术创新。印度十分关注中小（微）型企业的融资问题，于 1990 年颁布了《印度小产业发展银行法》，同年设立了小产业发展银行（SIDBI）。该法规定 SIDBI 是专门为中小企业提供资金支持的核心金融机构。在该银行的帮助下，印度中小企业信贷资金从 1991 年 3 月的 1678 亿卢比（约 270 美元）增加到 2001 年 3 月的 4845 卢比（约 779 美元），占银行信贷资金总额的 14.2%。

(三) 技术创新政策执行

第一，颁布机构差异。中印两国颁布机构的差异体现在三级、四级机构。印度技术创新政策较中国多由三级机构颁布，即印度与技术创新相关的、具有专业职能的部门或委员会，如印度的电子与信息技术部和航空部等。中国的技术创新

---

[1] Geroski P A. Procurement policy as a tool of industrial policy [J]. International Review of Applied Economics, 1990, 4 (2): 182 – 198.

[2] Aschhoff B, Sofka W. Innovation on demand—Can public procurement drive market success of innovations? [J]. Research Policy, 2009, 38 (8): 1235 – 1247.

政策较印度多由四级机构颁布，即中国局级行政机构，如国家技术监督局。

第二，政策形式差异。在该阶段，印度的技术创新政策多以法律形式存在，其政策占比为39.6%，而中国的技术创新政策多以"办法""意见""通知"等形式出现，其政策占比为45.3%，法律形式的政策占比仅为7.9%。

二、第二阶段：2000~2005 年

(一) 技术创新政策目标

第一，印度在本阶段比中国更强调消化吸收目标的实现。在本阶段，印度有37.1%的政策提到了"消化吸收"目标，显著高于同期中国的28.4%。印度在《科技创新实施战略》（2001）、《科学技术政策》（2003）等多条政策中均强调加强国际交流合作，消化吸收国外先进技术，增强创新能力。

第二，中国提高对科技成果转化目标的重视，两国在科技成果转化下的差异开始不显著。印度以"科技成果转化"为目标的政策占比从第一阶段的43.7%降至本阶段的35.2%，而中国此目标下的政策占比则由第一阶段的34.2%升至本阶段的44.3%。中国在该阶段的科技成果转化目标与中国"科技兴贸"战略的实施相关。随着全球科技产品贸易的快速发展，中国于1999年提出了"科技兴贸"战略，推动科技成果产品化和商业化，加速了科技成果转化进程，表现在第二阶段中国的技术创新政策中，如《关于推动高新技术产品出口的指导性意见》（2000）、《关于利用出口信用保险实施科技兴贸战略的通知》（2004）和《关于进一步实施科技兴贸战略的若干意见》（2005）等。

(二) 技术创新政策工具

印度增加财政支持工具的使用，两国使用财政支持政策工具差异不显著。在第一阶段，中国使用财政支持工具显著多于印度；在本阶段，印度加大财政支持力度，使用该工具的政策占比为48.8%，与同期中国的50.2%基本持平。

(三) 技术创新政策执行

第二阶段中印在政策执行方面的差异较第一阶段没有显著变化：两国由一

级、二级机构颁布的政策占比无显著差异,印度技术创新政策较中国多由三级机构颁布,且其政策多以法律形式存在,而中国的技术创新政策较印度多由四级机构颁布,且法律形式的政策占比较少。在第三、第四阶段中,中印两国政策执行维度也继续保持本阶段的特征,没有发生显著变化。

三、第三阶段:2006~2009年

(一)技术创新政策目标

第一,印度较中国更重视技术开发政策目标的实现。印度科技部发行的《支持国际专利指南》(2007)提出为信息技术产业中小微型初创企业申请国际研发专利提供财政支持,为其提供最多50%的申请国际研发专利相关费用。

第二,印度以"技术出口"为目标的政策占比显著高于中国。第三阶段,印度有32.4%的政策提到了"技术出口",显著高于同期中国的28.9%。印度的技术出口目标具有较突出的产业导向性,信息技术服务和业务流程外包业是印度技术出口集中的主要产业之一。印度《设立信息技术投资区的政策方案》(2008)中明确指出,印度的信息技术服务和业务流程外包业出口增长快速,已成为重要的经济增长引擎。数据显示,印度的信息技术服务和业务流程外包业在2009财年的出口额是497亿美元,占该年度出口总额的28.1%[①]。

(二)技术创新政策工具

第一,中印针对中小(微)型企业的技术支持工具没有显著性差异。中国对中小(微)型企业的立法支持起于1999年的宪法修正案,其中正式提出国家保护个体经济的管理权利和利益。在第三阶段,中国增加使用对中小(微)企业的技术支持工具,政策占比从第二阶段的21.4%提高到26.3%。

第二,印度从本阶段开始重视国际合作工具的运用。知本经济下,企业仅靠内部资源已难以实现高成本的技术创新可持续发展的目标,而开展国际合作、进

---

① 黄锐. 印度信息技术服务和业务流程外包行业将艰难前行[EB/OL]. http://news.xinhuanet.com/world/2011-01/05/c_13677502.htm, 2011-01-05/2014-11-19.

行开放式创新利于企业集聚国际化框架下的技术资源优势,借力全球创新要素。中国鼓励企业开展国际合作,在第一和第二阶段中均较印度显著使用更多的国际合作政策工具。从第三阶段开始,印度也提高了对该工具的重视,其使用比例从第一阶段的28.4%提高到本阶段的35.8%,与中国国际合作工具的使用率没有显著性差异。

四、第四阶段:2010~2014年

(一)技术创新政策目标

第一,印度进一步强调技术出口目标。本阶段,印度继续提高对技术出口目标的重视,该目标下的政策数量高于中国的显著水平进一步提高。印度扩大了技术出口重点产业和产品认证范围,对化工、医药、电子、纺织、汽车、智能工程、环保及航空等高端产业做出了具体的出口计划、设定了出口目标。2010年,印度颁布了《2011-12至2013-14三年出口翻番战略》,提出商品出口额从2010~2011财年的2460亿美元翻番至2013~2014财年的5000亿美元,年均增长率达到26.7%。在该战略的指导下,《印度外贸政策》(2012)为扩大产品出口设立了政策框架,针对农业、纺织、电子等高技术产品出口制定了"EPCG零息出口计划"。

第二,印度科技成果转化目标再次显著高于中国。第一阶段,印度对该工具的使用显著多于中国;在第二、第三阶段,两国并没有显著差异;而在第四阶段印度53.2%的政策以科技成果转化为政策目标,显著高于同期中国的45.4%。印度政府强调将创新思路转化为商业成功,不仅重视研发工作和创新技术因素,而且对那些对技术创新的采用、传播、转移同样非常重要的社会、体制、市场等因素给予关注。

(二)技术创新政策工具

第一,印度突出增加基础设施建设工具的使用,两国在该工具下的差异在本阶段不显著。中国在前三个阶段对基础设施建设政策工具的使用显著多于印度;在本阶段,印度该工具的使用率从上一阶段的27.1%增加至36.4%,与同期中

国的35%没有显著性差异。印度使用基础设施建设政策工具倾向于以实现研究成果的商业化为目标。例如，印度《产业促进政策》（2010）明确提出政府要认定适合建设产业商业化基础设施的地区，设立专项基金为其提供商业化基础设施建设的帮助；为了鼓励企业建设产业园区，推进产业商业化，该政策还提出政府将至少资助5000万卢比（约800万美元）用于建设商业化基础设施。

第二，印度增加税收优惠工具的使用，两国在该工具下的差异在第四阶段不显著。中国始终重视通过税收手段促进技术创新，在前三个阶段对该工具的使用均显著多于印度。在本阶段，印度对税收优惠政策工具的使用率从上一阶段的30.5%增加至41.9%，与中国使用税收优惠工具的政策数量占比没有显著性差异。

五、小结

结合表6-8中中国和印度技术创新政策全阶段和各分阶段的比较结果，得到如下结论。

（一）技术创新政策目标维度

中国的技术创新政策目标更强调知识的垂直增加，印度更强调知识的水平扩散。中国更多关注技术引进目标的实现，印度则更强调消化吸收和科技成果转化，这一特点体现在全阶段和多个分阶段。其中，中国在全阶段和四个分阶段均比印度更关注技术引进，印度则从2000~2005年这一阶段开始较中国更强调消化吸收目标。

（二）技术创新政策工具维度

中国的技术创新政策工具更强调对企业的供给，而印度的政策更强调对市场的保护和刺激。中国的技术创新政策工具更多地从企业角度出发，为企业提供所需的人才、资金等创新要素。中国在金融支持和人力资源培养工具的使用上显著多于印度，这体现在全阶段和各分阶段。个别分阶段中国较印度显著使用财政支持、基础设施建设等政策工具，如中国在第一、第三、第四阶段和全阶段显著使用财政支持工具；印度则更注重通过知识产权保护来改善和维护技术创新市场环境,并通过政府采购、产学研合作等刺激市场需求,激发企业创新活力。印度在全阶段以及各分阶段对知识产权保护工具的使用显著多于中国,对信息支持、中小(微)型企业的技术支持、政府采购、产学研合作等政策工具的使用则在个别分阶段上显著多于中国,如在第二和第四阶段较中国显著使用产学研合作工具。

(三)技术创新政策执行维度

印度的技术创新政策持续性较长。印度较之中国在各分阶段与全阶段均颁布了更多的以"法律"形式为主的政策,占比高达31.7%。细数中国的技术创新政策,从全阶段来看,出现最多的政策形式为"办法"和"通知",政策占比分别为25.3%和24.7%,而以"法律"为形式的政策占比仅有6.8%。

第五节　中巴技术创新政策演进比较研究

中国和巴西在政策目标、政策工具和政策执行方面具有较为显著的国别差异,且在不同阶段不同政策变量下体现的差异也有所不同。整理第二节表6-5中巴技术创新政策二元Logistic回归数据结果,得到中巴在各变量下的政策数量差异,如表6-9所示。

表6-9　分阶段和全阶段下中巴技术创新政策差异

变量类型	变量名称	1990~1999年		2000~2005年		2006~2009年		2010~2014年		全阶段	
		中	巴	中	巴	中	巴	中	巴	中	巴
政策目标	技术开发		多		多	不显著		不显著			多
	技术出口	不显著		不显著			多		多		多
	技术引进	多		多		多		不显著		多	
	消化吸收	多		多		多		多		多	
	科技成果转化		多	不显著		不显著		不显著		不显著	

续表

变量类型	变量名称	1990~1999年		2000~2005年		2006~2009年		2010~2014年		全阶段	
		中	巴	中	巴	中	巴	中	巴	中	巴
政策工具	对中小（微）型企业的技术支持		多		多		多		不显著		多
	财政支持	多	多	多	多	多	多	多	不显著	多	多
	基础设施建设	多	多	多	不显著	多	多	多	多	多	不显著
	金融支持	多	多	多	多	多	多	多	多	多	多
	税收优惠	多	多	多	多	多	多	多	多	多	多
	人力资源培养	多	多	多	多	多	多	多	多	多	多
	行政支持	多	多	多	多	多	多	多	不显著	多	多
	知识产权保护	多	多	多	多	多	多	多	多	多	多
	政府采购		多	多	不显著	多	不显著	多	不显著	多	不显著
	国际合作	多	多	多	多	多	不显著	多	多	多	多
政策执行	一级机构		多		多		多		多		多
	二级机构	不显著		不显著		不显著		不显著		不显著	
	三级机构	多		多		多		多		多	
	四级机构	多		多		多		多		多	
	法律形式		多		多		多		多		多

资料来源：作者根据表6-5整理所得。

一、第一阶段：1990~1999年

（一）技术创新政策目标

第一，中国在该阶段比巴西更强调技术引进和消化吸收目标的实现。第一阶段，中国的技术创新强调通过引进与吸收国外先进技术以提高我国创新能力。该阶段中国在《国家中长期科学技术发展纲领》（1992）等政策的引导下颁布了系列相关政策，这些政策明确指出国家相关部门要将外汇更多地用于技术引进，并通过聘请外国专家来华指导与外国公司、企业联合进行技术研究、开发或合作设计、制造产品等方式消化和吸收国外先进技术。

第二,巴西在该阶段比中国更强调技术开发目标的实现。第一阶段,巴西有48.2%的政策提到了"技术开发"目标,高于同期中国的42.1%。巴西主要通过加大科技资金投入来实现技术开发目标。从1990年起,巴西政府先后颁布了4部法令对进行科技投资的企业予以财政支持和税收优惠,其中1995年实施的《科技进步法》规定巴西的科技投入必须每年增加5%。

(二)技术创新政策工具

第一,中国在该阶段比巴西更显著使用行政支持工具。在第一阶段,中国大量通过行政支持工具鼓励企业技术创新,有40.2%的政策使用了该工具。

第二,巴西在该阶段较中国更多使用政府采购工具。巴西赋予政府采购较高法律地位,在该阶段专门以法律形式颁布了《招标采购法》(1993),对政府采购的基本原则、投标、政府采购合同及法律责任等内容进行了详细规定。

第三,巴西比中国更显著使用对中小(微)型企业的技术支持工具。巴西对中小(微)型企业的关注起步较早,第一阶段就在政策和资金方面大力支持中小(微)型企业的技术创新。巴西的经济社会发展银行每年都向中小企业提供低息优惠贷款,政府每年从美洲开发银行和世界银行获得的企业贷款中也有50%以上用于中小企业的技术创新。截至1999年底,巴西3500家软件设计企业中中小企业数量占到90%以上[①]。

(三)技术创新政策执行

第一,颁布机构差异。中巴两国颁布机构的差异体现在一级、三级和四级机构。巴西技术创新政策较中国多由一级机构颁布,即巴西议会。中国的技术创新政策较巴西多由三级、四级机构颁布,即与技术创新相关的、具有专业职能的部门、委员会或者局级行政机构,如国家科学技术委员会、技术监督局。

第二,政策形式差异。在该阶段,巴西的技术创新政策多以法律形式存在,其政策占比为28.8%;而中国的技术创新政策多以"办法""意见""通知"等形式出现,其政策占比为34.7%,法律形式的政策占比仅为8.1%。

---

① 曲笑. 巴西科技创新体制改革初见成效[J]. 世界科技研究与发展, 2000 (1): 104.

二、第二阶段：2000~2005年

（一）技术创新政策目标

第一，中国提高对科技成果转化目标的重视，两国在科技成果转化下的差异开始不显著。巴西以"科技成果转化"为目标的政策占比从前一阶段的42.7%降至本阶段的36.3%，而中国此目标下的政策占比则由前一阶段的34.2%升至本阶段的44.3%。在该阶段，中国为加快实施"科技兴贸"战略颁布了一系列政策，如《关于利用出口信用保险实施科技兴贸战略的通知》（2004）、《关于进一步实施科技兴贸战略的若干意见》（2005）等，积极推动科技成果产品化和商业化，加速了科技成果转化进程。

第二，巴西在第二阶段比中国更显著强调技术开发目标的实现。本阶段巴西以"技术开发"为目标的政策占比持续增加，比第一阶段高出9.1%。该阶段下，巴西政府重视各个领域的技术开发，如在2000年巴西设立空间科学技术研发专门机构，旨在促进空间领域科研活动的开展，并为生物技术产业、航空航天工业设立专项研发基金。

（二）技术创新政策工具

第一，中国增加政府采购工具的使用，从第二阶段起两国使用该政策工具的差异不显著。在第一阶段，巴西使用政府采购工具显著多于中国；在本阶段，中国颁布《中华人民共和国政府采购法》（2002），加大政府采购力度，使用该工具的政策占比从前一阶段的13.6%上升到15.1%，与同期巴西的15.5%基本持平。

第二，巴西增加使用基础设施建设工具的使用，两国使用该政策工具的差异不显著。第一阶段中，中国显著使用基础设施建设工具；从第二阶段开始，巴西增加使用该工具，其政策占比从第一阶段的52.6%升至第二阶段的70.3%，与同期中国的71.5%基本持平。

(三) 技术创新政策执行

中巴在政策执行方面的差异较前一阶段没有显著变化：两国由二级机构颁布的政策占比无显著差异，巴西技术创新政策较中国多由一级机构颁布，且其政策多以法律形式存在，而中国的技术创新政策较巴西多由三级、四级机构颁布，且法律形式的政策占比较少。在第三阶段中，中巴两国政策执行维度也继续保持本阶段的特征，没有发生显著变化。

三、第三阶段：2006～2009 年

(一) 技术创新政策目标

第一，中国提高对技术开发目标的重视，两国在该目标下的差异开始不显著。第三阶段中国颁布了一系列政策强化企业技术创新主体地位，鼓励企业技术开发，如《国家自主创新基础能力建设"十一五"规划》（2007）重点支持300个国家认定企业技术中心的建设，支持企业技术中心围绕国家重点工程、重大新产品研发和产业技术升级。该阶段中国通过增加研发经费投入促进技术开发目标的实现，研发投入从 2006 年的 3003.1 亿元增加到 2009 年的 5802.1 亿元，年平均增长速度达到 24.6%。

第二，巴西从本阶段开始较中国更重视技术出口政策目标的实现。该阶段中，巴西有 40.1% 的政策提到了"技术出口"目标，显著高于中国的 28.9%。为进一步推动出口，提高国际市场竞争力，巴西于 2008 年制定扩大出口战略，政府投资 340 亿雷亚尔（约 120 亿美元）促进本国产品和服务出口，鼓励创新和生产投入，增加出口附加值。

(二) 技术创新政策工具

第一，巴西从本阶段开始比中国更显著使用基础设施建设工具。巴西使用基础设施建设政策工具倾向于实现技术研发的目标。巴西政府于 2007 年实施的"2007～2010 年科学、技术与创新行动计划"提出，重点建立与科研机构配套的实验室。

第二，巴西在该阶段重视国际合作工具的运用，两国使用该政策工具的差异不显著。知本经济下，企业仅靠内部资源已难以实现高成本的技术创新可持续发展的目标，而开展国际合作、进行开放式创新利于企业集聚国际化框架下的技术资源优势，借力全球创新要素。从本阶段开始，巴西也提高了对国际合作工具的重视，其使用比例从前一阶段的27.9%提高到本阶段的40.1%，与同期中国国际合作工具的使用率没有显著性差异。

四、第四阶段：2010~2014年

（一）技术创新政策目标

本阶段下，巴西提高对技术引进目标的重视，两国在该目标下的差异开始不显著。在该阶段，巴西以"技术引进"为目标的政策占比从前一阶段的24.8%上升到32.1%，与同期中国的30.3%基本持平。该阶段下，为鼓励企业技术研发，巴西政府于2011年8月开始实施"大巴西计划"，着力通过税收减免、资金支持等措施鼓励企业研发。巴西工业发展局统计报告显示，截至2013年，巴西政府针对企业创新计划的"交叉行动"累计投入50亿雷亚尔（约17.6亿美元），其中在研发、渐进式创新、产品和工艺领域投入10亿雷亚尔（约3.5亿美元）。

（二）技术创新政策工具

第一，中国在第四阶段开始提高对中小（微）型企业的技术支持工具的运用，两国使用该政策工具的差异不显著。前三个阶段中，巴西使用中小（微）型企业的技术支持工具均显著多于中国，在本阶段，中国加大对中小（微）型企业创新的重视程度，与巴西在该工具的使用上不存在显著差异。第四阶段，中国在政策上给予中小（微）型企业金融支持、建设公共服务平台、税收减免等一系列扶持，如《关于进一步做好中小企业金融服务工作的若干意见》（2010）、《关于促进中小企业公共服务平台建设的指导意见》（2010）、《关于中小企业信用担保机构有关准备金企业所得税税前扣除政策的通知》（2012）等，使用该工具的政策占比从第三阶段的29.5%上升到本阶段的35.7%，与同期巴西的

33.7%基本持平。

第二,巴西在该阶段重视财政支持工具的运用,两国使用该政策工具的差异不显著。前三个阶段中,中国显著使用财政支持工具;从第四阶段开始,巴西增加使用该工具,其政策占比从前一阶段的43.4%升至本阶段的63.5%,与同期中国的64.8%基本持平。该阶段巴西致力于科技创新,尤其看重信息产业发展,加大信息企业研发投入。巴西政府于2013年10月宣布向主营移动互联和信息安全的巴西中小企业加大政府补贴,以鼓励这些企业研发①。

(三)技术创新政策执行

中巴在政策执行方面的差异在一级、三级和四级机构上较前一阶段没有显著变化,两国由二级机构颁布的政策占比出现显著差异。中国在该阶段由二级机构颁布的技术创新政策显著比巴西多,即国务院及其下属的各部委,如科学技术部。政策形式差异与前三个阶段相同,巴西法律形式政策占比均显著多于中国。

五、小结

结合表6-9中中国和巴西技术创新政策全阶段和各分阶段的比较结果,得到如下结论。

(一)技术创新政策目标维度

中国更多关注技术引进和消化吸收目标的实现,巴西则更强调技术开发和技术出口,这一特点体现在全阶段和多个分阶段。其中,中国在全阶段和四个分阶段均比巴西更关注消化吸收,1990~1999年、2000~2005年、2006~2009年三个阶段和全阶段更加显著强调技术引进目标;巴西则在1990~1999年、2000~2005年和全阶段更加强调技术开发目标,从2006~2009年这一阶段开始较中国更显著强调技术出口目标。

---

① 封颖. 巴西鼓足干劲要搞科技创新[N]. 光明日报,2014-07-20(6).

(二) 技术创新政策工具维度

中国在金融支持、税收优惠、人力资源培养和知识产权保护工具的使用上显著多于巴西，这体现在全阶段和各分阶段。个别分阶段中国较巴西显著使用财政支持、行政支持、国际合作等政策工具，如在 1990~1999 年、2000~2005 年、2006~2009 年三个阶段和全阶段中国显著使用财政支持工具；巴西则在全阶段以及前三个分阶段较中国更多使用对中小（微）型企业的技术支持工具，基础设施建设、政府采购等政策工具的使用则在个别分阶段上显著多于中国，如在 1990~1999 年和 2000~2005 年两个阶段较中国显著使用政府采购工具。

(三) 技术创新政策执行维度

中国的政策在各阶段较巴西均多由三级、四级机构颁布，从第四阶段开始较多由二级机构颁布，巴西的政策则在各阶段和全阶段较多由一级机构颁布，即中国的政策多由国务院下属的各部委以及局级单位颁布，巴西的政策多由最高立法机构议会颁布。巴西的技术创新政策持续性较长。巴西较之中国在各分阶段与全阶段均颁布了更多的以"法律"形式为主的政策，全阶段政策占比高达 19.3%。细数中国的技术创新政策，从全阶段来看，出现最多的政策形式为"办法"和"通知"，政策占比分别为 25.3% 和 24.7%，而全阶段以"法律"为形式的政策占比仅有 6.8%。

第六节 中南技术创新政策演进研究

中国和南非在政策目标、政策工具和政策执行方面具有较为显著的国别差异，且在不同阶段不同政策变量下体现的差异也有所不同。整理第二节表 6-6 中南技术创新政策二元 Logistic 回归数据结果，得到中南在各变量下的政策数量差异，如表 6-10 所示。

表 6-10 分阶段和全阶段下中南技术创新政策差异

变量类型	变量名称	1990~1999年 中	1990~1999年 南	2000~2005年 中	2000~2005年 南	2006~2009年 中	2006~2009年 南	2010~2014年 中	2010~2014年 南	全阶段 中	全阶段 南
政策目标	技术开发	不显著		不显著		多		不显著		不显著	
	技术出口	多		多		不显著		不显著		多	
	技术引进	多		多		多		多		多	
	消化吸收	多		多		多		多		多	
	科技成果转化		多	不显著		不显著		不显著			多
政策工具	对中小（微）型企业的技术支持	不显著			多		多		多		多
	财政支持	多		多		多		多		多	
	基础设施建设	不显著		不显著			多		多		多
	金融支持	多		多		多		多		多	
	税收优惠	多		多		不显著		不显著		多	
	人力资源培养	多		多		多		多		多	
	行政支持	多		多		多		多		多	
	知识产权保护		多		多		多		多		多
	政府采购		多	不显著		不显著		不显著		不显著	
	国际合作	多		多		多		多		多	
政策执行	一级机构		多		多		多		多		多
	二级机构		多		多		多		多		多
	三级机构		多		多		多		多		多
	四级机构	多		多		多		多		多	
	法律形式		多		多		多		多		多

资料来源：作者根据表 6-6 整理所得。

一、第一阶段：1990~1999 年

（一）技术创新政策目标

第一，中国在第一阶段比南非更为强调技术引进目标的实现。中国在该阶段

非常强调引进国外先进技术提高我国技术创新能力,《加强技术引进管理的若干规定》(1991)对技术引进的归口管理、方针政策及年度计划作出具体规定,并指出技术引进实行合理的政策导向。国家确定的技术引进优惠政策包括计划安排、资金导向、税收优惠政策等。

第二,南非在该阶段比中国强调科技成果转化目标的实现。在该阶段,南非有41.7%的政策提到了"科技成果转化"目标,高于同期中国的34.2%。1996年,南非政府发布《科学技术白皮书》,明确指出要建立科技自主能力,推动科技成果转化,逐步建立健全的国家创新体系。

(二)技术创新政策工具

第一,中国在第一阶段比南非更显著使用国际合作工具。第一阶段中,中国使用国际合作工具的政策占比为43.7%,显著高于同期南非的10%。《中华人民共和国科学技术发展十年规划和"八五"计划纲要》(1991)将"坚定不移地推进国际科技合作与交流"作为指导方针之一,明确指出按照平等互利的原则,制定和完善科技合作政策,创造宽松的国际合作环境,使中国科学技术走向世界。此后中国颁布的一系列政策均围绕上述方针开展国际科技合作。

第二,南非在该阶段较中国更多使用政府采购工具。第一阶段中,南非使用政府采购工具的政策占比为18.3%,显著高于同期中国的5.7%。南非赋予政府采购较高法律地位,并颁布了一系列关于政府采购的强制性法律法规,如《公共融资管理法案》(1995)、《南非宪法》(1996)等。这些政策鼓励企业开展技术研发,利用国家采购能力优先选购本国产品,简化政府采购审批手续。

第三,南非比中国显著使用知识产权保护工具。第一阶段中,南非使用知识产权保护工具的政策占比为60%,显著高于同期中国的30.4%。南非针对知识产权保护的政策制定起步较早,1916年就颁布了《专利、设计、商标和著作权法》,为了满足相关知识产权国际条约要求并不断提高知识产权保护力度,南非对本国知识产权立法做了许多调整,如《知识产权法修正案》(1997)规定,在《专利法》(1978)中增加关于通过《专利合作条约》(PCT)途径提交专利国际申请的专门规定,以使南非有权受理PCT专利国际申请。

(三) 技术创新政策执行

第一，颁布机构差异。中南两国颁布机构的差异体现在一级、二级、三级和四级机构。中国的技术创新政策多由二级和四级机构颁布，二级机构是指国务院及其下属的各部委，四级机构是指局级行政机构。在这一阶段，中国颁布政策最多的二级机构是科技部，颁布政策最多的四级机构是国家税务总局。南非技术创新政策较中国则显著多由一级、三级机构颁布，一级机构指具有最高立法权的机构，三级机构指与技术创新相关的、具有专业职能的部门或委员会。

第二，政策形式差异。在该阶段，南非的技术创新政策几乎全部以法律形式存在，其政策占比高达93.3%；中国的技术创新政策多以"办法""意见""通知"等形式出现，其政策占比为34.7%，法律形式的政策占比仅为8.1%。在第二阶段中，中国和南非政策执行和政策形式差异继续保持本阶段的特征，没有发生显著变化。

二、第二阶段：2000~2005年

(一) 技术创新政策目标

本阶段下，中国提高对科技成果转化目标的重视，两国在科技成果转化下的差异开始不显著。南非以"科技成果转化"为目标的政策占比从前一阶段的41.7%升至本阶段的44.1%，而中国此目标下的政策占比则由前一阶段的34.2%升至本阶段的44.3%，两国基本持平。在该阶段，中国为加快实施"科技兴贸"战略颁布了一系列政策，积极推动科技成果产品化和商业化。

(二) 技术创新政策工具

第一，中国增加使用对中小（微）型企业的技术支持工具，从第二阶段起中国使用该政策工具显著多于南非。在第一阶段，南非与中国在使用对中小（微）型企业的技术支持工具上不存在显著差异；从第二阶段开始，中国加大了对该工具的重视程度，使用比例由前一阶段的26.5%上升到了36.5%。中国在本阶段颁布的政策多采取无偿拨款、贷款贴息和资本金投入等举措扶持和引导科

技型中小企业的技术创新活动,《中华人民共和国中小企业促进法》(2002)则专门以法律形式改善中小企业经营环境,促进中小企业健康发展,扩大城乡就业,发挥中小企业在国民经济和社会发展中的重要作用。《中小企业统计年鉴》数据显示,2004年中国中小企业数量为274339家,缴纳国家约56%的税金,创造近66%的产值。

第二,中国在第二阶段提高政府采购工具的运用,两国使用该政策工具的差异不显著。政府采购指使用财政性资金购买规定标准下的新产品、新技术的行为。第二阶段中,中国使用政府采购工具的技术创新政策有20条,占该阶段政策总数的10%,比前一阶段增加一倍以上。该阶段政府采购产品主要以软件产品、新能源产品等创新产品为主,并专门针对政府采购进口产品颁布管理办法,极大地促进了相关产业的发展。特别是本阶段颁布了《中华人民共和国政府采购法》(2002),该法以法律形式对政府采购方式、程序、合同等进行了具体规定。

三、第三阶段:2006~2009年

(一)技术创新政策目标

第一,中国在该阶段比南非显著强调技术开发目标的实现。第三阶段中国颁布了一系列政策,主要围绕加大研发投入、支持国家认定企业技术中心建设等内容,进一步强化企业技术创新主体地位,鼓励企业技术开发。

第二,南非从本阶段提高对技术出口政策目标的重视,从本阶段起两国在该目标下的差异开始不显著。该阶段中,南非有26.7%的政策提到了"技术出口"目标,与同期中国的28.9%基本持平。本阶段下,南非注重高技术产品与服务出口,世界银行数据显示,其2006年信息和通信技术服务出口为12.3亿美元,2009年增加到15.2亿美元。

(二)技术创新政策工具

南非增加税收优惠工具的使用,从本阶段起两国使用该政策工具的差异不显著。第二阶段中,中国显著使用税收优惠工具,从第三阶段开始,南非增加使用该工具,其占比从前一阶段的34.6%升至本阶段的37.2%,与同期中国的38%

基本持平。该阶段南非一系列政策侧重给予企业税收减免，如2007年施行的"SPI-合作伙伴计划"，鼓励所有从事制造或同信息技术有关项目的私有企业申请加入该计划，申请成功的企业在产品或工艺取得商业成功后通过以净销售额为基础的税收安排进行资金返还。

（三）技术创新政策执行

南非由二级机构颁布的政策自本阶段起显著多于中国，不同于前两阶段中国显著多于南非的情况。本阶段一级、三级和四级机构的差异与前两个阶段一致，均是南非由一级、三级机构颁布的政策显著多于中国，中国由四级机构颁布的政策显著多于南非。该阶段下，南非由二级机构即国务院及其下属的各部委颁布的政策显著增多，由前一阶段的62.3%升至本阶段的70.4%，显著高于同期中国的64.2%。政策形式差异与前两个阶段相同，南非法律形式政策数量均显著多于中国。在第四阶段中，中国和南非政策执行和政策形式差异继续保持第三阶段的特征，没有发生显著变化。

四、第四阶段：2010~2014年

（一）技术创新政策目标

与前三个阶段类似的是中国在第四阶段依然比南非更显著强调消化吸收目标的实现。在第四阶段，中国有36.8%的政策涉及提高相关技术消化吸收能力的目标，显著高于同期南非的11.6%。中国在该阶段颁布的一系列促进消化吸收政策侧重消化、吸收国外先进的创新方法，并通过推进国际科技合作与交流、吸引全球优秀人才来华创新创业、积极参与国际分工合作等方式，加强引进消化吸收再创新。

（二）技术创新政策工具

南非从第四阶段开始比中国更显著使用基础设施建设工具。在前一阶段，中国较南非显著使用基础设施建设工具，从第四阶段开始，南非加大了对该工具的重视程度，其使用比例由前一阶段的25.5%上升到了49.4%，显著高于同期中

国的27.5%。南非政府加强本国基础设施建设，并于2012年推出"15年基础设施发展计划"，计划未来15年投资4万亿兰特（约4650亿美元）进行基础设施建设，用于已经选出的17个战略一体化项目，意在改善南非基础设施不足的现状，释放经济潜力以促进经济发展。《南非基础设施建设法案》（2014）则为之后的基础设施建设和部门协调提供了法律上的支持。

五、小结

结合表6-10中中国和南非技术创新政策全阶段和各分阶段的比较结果，得到如下结论。

（一）技术创新政策目标维度

中国更多关注技术出口、技术引进和消化吸收目标的实现，南非则更强调科技成果转化，这一特点体现在全阶段和多个分阶段。其中，中国在全阶段和四个分阶段均比南非更关注技术引进和消化吸收目标，1990~1999年、2000~2005年和全阶段更加显著强调技术出口目标；南非则在1990~1999年和全阶段更加强调科技成果转化目标。在技术开发政策目标方面，除个别阶段外，两国并没有呈现显著差异。

（二）技术创新政策工具维度

中国在财政支持、金融支持、人力资源培养、行政支持和国际合作工具的使用上显著多于南非，这体现在全阶段和各分阶段。个别分阶段中国较南非显著使用财政支持、行政支持、国际合作等政策工具，如在2000~2005年、2006~2009年、2010~2014年和全阶段显著使用对中小型（含微型）企业的技术支持工具；南非则在全阶段以及各个分阶段较中国更多使用知识产权保护工具，基础设施建设工具的使用则在2006~2009年、2010~2014年和全阶段显著多于中国。

（三）技术创新政策执行维度

中国的政策在各阶段较南非均多由四级机构颁布，在个别分阶段和全阶段较南非多由二级机构颁布,南非的政策则在各阶段和全阶段较多由三级机构颁布,在个别分阶段较中国多由一级机构颁布,即中国的政策多由国务院下属的各部委以及局级单位颁布,南非的政策多由与技术创新相关的、具有专业职能的部门或委员会颁布。南非的技术创新政策持续性较长。南非较之中国在各分阶段与全阶段均颁布了更多以"法律"形式为主的政策,全阶段政策占比高达56.2%。细数中国的技术创新政策,从全阶段来看,出现最多的政策形式为"办法"和"通知",政策占比分别为25.3%和24.7%,而全阶段以"法律"为形式的政策占比仅有6.8%。

第七节 总 结

基于金砖国家技术创新政策"政策目标—政策工具—政策执行"三维比较研究框架,运用二元Logistic回归分析方法,对中俄、中印、中巴和中南四个阶段以及全阶段的技术创新政策分别进行了比较,得到如下结论(见表6-11)。

一、技术创新政策目标维度

金砖国家的政策目标从总体上来说,更多地分布在强调知识增加为主的任务导向型目标中,而在传播知识为主的扩散导向型目标中占比相对较低。具体说来:

(一)任务导向型政策目标

第一,技术开发。金砖国家中,巴西最为重视对技术开发目标的引导。

第二,技术引进。中国比其他金砖国家更注重对技术引进目标的引导。另外,从第四阶段起巴西的技术创新政策也开始重视技术引进的引导。

(二)扩散导向型政策目标

第一,技术出口。印度和巴西均比中国显著强调技术出口目标的实现。同时,

第六章 金砖国家技术创新政策演进研究

表6–11 金砖国家技术创新政策演进比较总结

变量类型	政策维度	变量名称	全阶段特点	阶段性变化
政策目标	任务导向型	技术开发	巴西最为显著	—
		技术引进	中国最为显著	第四阶段起巴西与中国差异不显著
	扩散导向型	技术出口	印度和巴西较为显著	第三阶段起南非与中国差异不显著
		消化吸收	俄罗斯较为显著	第二阶段起印度与中国差异不显著
		科技成果转化	南非最为显著	第二阶段起中国与南非差异不显著
政策工具	供给导向型	对中小(微)型企业的技术支持	巴西和印度较为显著	第四阶段起中国与巴西差异不显著
		财政支持	俄罗斯和中国较为显著	第四阶段起巴西显著多于中国
		基础设施建设	俄罗斯和巴西较为显著	第四阶段起印度显著多于中国
		金融支持	中国和俄罗斯较为显著	
		税收优惠	中国和俄罗斯较为显著	第二阶段起印度与中国差异不显著；第三阶段起南非与中国差异不显著
		人力资源培养	中国最为显著	第三阶段起俄罗斯显著多于中国
	环境导向型	行政支持	中国最为显著	第四阶段起巴西与中国差异不显著
		知识产权保护	南非、俄罗斯和印度显著	—
	需求导向型	政府采购	俄罗斯和印度较为显著	第二阶段起中国与印度差异不显著
		国际合作	俄罗斯最为显著	第三阶段起印度与中国差异不显著
政策执行	中央机构	一级机构	南非最为显著	第三阶段起中国与南非差异不显著
		二级机构	中国和印度较为显著	第四阶段起南非显著多于中国
	部委机构	三级机构	俄罗斯最为显著	—
		四级机构	中国最为显著	
政策形式	法律形式		其他四国均比中国显著	

资料来源：作者自制。

南非从第三阶段开始逐渐重视技术出口目标的引导，在第三和第四阶段与中国该目标的政策数量不存在显著差异。

第二，消化吸收。俄罗斯在各阶段及全阶段均比中国更注重消化吸收目标的引导。此外，印度从第二阶段开始非常强调对该类政策目标的鼓励，政策占比显著多于中国。

第三，科技成果转化。金砖国家中，南非强调科技成果转化目标。

二、技术创新政策工具维度

金砖国家的政策工具从总体上来说,更多地使用供给导向型和环境导向型政策工具,而需求导向型政策工具使用较少。具体来说:

(一) 供给导向型政策工具

第一,对中小(微)型企业的技术支持。巴西和印度更多运用该工具鼓励技术创新的实现。近年来,中国逐渐加大对中小(微)型企业的技术支持力度,从第四阶段起该工具的使用数量占比与巴西相比没有显著差异。

第二,财政支持。俄罗斯和中国较其他金砖国家更显著使用财政支持工具。另外,从第四阶段起,巴西也开始增加对该工具的使用,该工具的使用数量占比与中国相比没有显著差异。

第三,基础设施建设。俄罗斯和巴西均比中国显著使用基础设施建设工具。印度从第四阶段开始逐渐增加该工具的使用,该工具的使用数量占比与中国相比没有显著差异。

第四,金融支持。中国和俄罗斯比其他金砖国家更重视对金融支持工具的使用。

第五,税收优惠。中国和俄罗斯较其他金砖国家更显著使用税收优惠工具。印度和南非逐渐加强对该工具的使用,分别从第二阶段和第三阶段开始使用该工具的数量占比与中国的不存在显著差异。

第六,人力资源培养。金砖国家中,中国最为重视人力资源培养工具的使用,但俄罗斯在第三阶段后加强对该工具的重视程度,开始显著多于中国。

(二) 环境导向型政策工具

第一,行政支持。中国比其他金砖国家更显著使用行政支持工具。巴西从第四阶段起增加对该工具的使用,与中国相比使用该工具的数量占比不存在显著差异。

第二,知识产权保护。金砖国家中,南非最强调通过使用知识产权保护工具改善技术创新环境。与此同时,俄罗斯和印度也比中国更多地使用了知识产权保护工具。

(三) 需求导向型政策工具

第一,政府采购。俄罗斯和印度均比中国显著使用政府采购工具。值得注意的是,中国从第二阶段起增加使用该工具,与印度的差异不显著。

第二,国际合作。俄罗斯比中国最显著使用国际合作工具。值得注意的是,印度从第三阶段开始增加使用该工具,与中国的差异不显著。

三、技术创新政策执行维度

(一) 政策颁布机构级别

中国的政策更多地由四级机构颁布。与中国相比,其他金砖国家的政策颁布机构级别较高,如俄罗斯一级机构的政策颁布数量占比显著高于中国。

(二) 政策颁布形式

中国的政策多以"办法""通知"的形式出现,而巴西、俄罗斯、印度和南非的技术创新政策以"法律"形式出现的比例显著高于中国。

第七章
中国技术创新政策体系构建建议及未来研究展望

前文已构建并验证了金砖国家技术创新政策的"政策目标—政策工具—政策执行"三维比较框架,从三个维度比较了金砖国家技术创新政策的时间演进差异。为进一步优化政策设计、更好地构建可持续发展的技术创新政策体系,本章针对政策目标、政策工具和政策执行三个维度,从宏观、中观和微观对中国技术创新政策体系构建提出建议,并对未来研究进行了展望。

第一节 政策建议

一、政策目标

(一)打造政策目标定位的中国特色竞争范式

从金砖国家的比较分析可以看出,中国有相当部分的技术创新政策属于鼓励知识增加的任务导向型。但无论是在技术引进还是技术开发的政策引导中,都存在相当程度的目标"碎片化",缺乏足够的特色,因此应在未来着力打造中国特色竞争范式。

第七章 中国技术创新政策体系构建建议及未来研究展望

第一,在政策目标制定中体现"超竞争"意识。在技术创新的国际化背景下,国际竞争日趋激烈,发展中国家要想实现经济赶超,仅有竞争意识是不够的,还必须包括"超竞争"①,即政府制定的技术创新政策应从通用的宏观技术政策转向专注于国家中观经济专业化的更具有特殊性的中观导向政策②③,才能使该国在某一特定方面强过竞争对手。

第二,利用技术预见科学制定技术开发战略。技术预见活动可以在组织、行业、地区和国家的水平上应用,能有效助力实现技术开发的专业化、特色化和集聚化:①建立符合中国特色的技术预见模型,预测中国优先发展技术领域内的关键问题;②强化我国技术预见与国家创新体系的联系,探讨未来机遇并设置科学和创新活动的投资项目优先级,有助于集中优势资源实现国家战略领域的重点突破,突出中国的技术特色;③在技术预见中寻求国际化和本土化的平衡点。在技术预见中既要考虑创新体系全球化带来的变化,也要充分考虑技术的适应性,特别是候选技术的未来市场潜力和可行性。

第三,权衡知识增加的成本和收益,优化技术引进结构。长期以来,中国多依靠技术引进实现知识增加,而技术领先国对核心技术的引进封锁大大增加了中国的技术引进成本,甚至超过了自主研发所需要的基本投入。在全球化的创新网络里,中国应基于技术预见,综合权衡知识增加的成本和收益,以实现最佳的经济回报和社会利益为出发点制定技术引进战略,辅助自主开发,打造中国技术创新的集聚化特色。

(二) 追求知识横向水平扩散将是中国未来技术创新政策目标的引导方向

由技术引进带来的知识增加只为中国实现对发达国家的技术赶超目标提供了可能性,而无法真正提升中国的技术创新能力,因此,推动知识的水平扩散应当成为中国未来技术创新政策目标的设计方向。

---

① De Bono E. Surrpetition. Creating Value Monopolies. When Everyone Else Is Merely Competing [M]. London: Harper Collins, 1993.

② Jacobs D. Knowledge – intensive innovation. The potential of the cluster approach [J]. IPTS Review, 1997 (16): 22 – 28.

③ Chesbrough H. Open Services Innovation: Rethinking Your Business to Grow and Compete in a New Era [M]. San Francisco, CA: Jossey – Bass, 2011.

第一，总体规划技术出口政策。随着中国技术创新的不断进步和成熟，技术出口应当越来越成为提升中国技术创新国际竞争力和影响力的重要方式，也应当成为中国技术创新政策的重要政策目标。当前，中国的技术出口政策设计还存在一定的优化空间，应当从更高层面进行总体规划加以完善：①采用出口退税、行政支持等手段助力技术出口结构升级。技术出口对中国经济增长的贡献不在于出口数量的多少，而在于出口结构的升级①。中国当前的技术出口在产业层面、企业层面和地区层面均具有一定程度的不平衡特征，应使用出口退税、补贴、简化行政审批程序等手段将技术出口优惠政策向增长空间较大的第三产业倾斜、向本土创新企业倾斜，实现技术出口结构的升级。②立法规范技术出口环境。知识产权保护的不足、贸易合同签订的疏漏等问题容易造成技术出口效益低下，因此，中国的技术出口政策在关注技术贸易价格、技术交付方式等前端环节的同时，也应重视对出口技术知识产权的保护、核心技术的保密工作、未来的使用和传播等后端环节，提升技术出口效益、规范技术出口环境。

第二，全方位设计消化吸收政策。对新技术的消化吸收可以最大限度地体现技术引进的真正价值，从实质上增加技术创新绩效。中国应彻底摆脱"重引进、轻吸收"的痼疾，全方位设计鼓励消化吸收的措施：①技术引进规划环节。中国的技术创新政策设计应强调技术引进与技术吸收政策目标之间的协同性，不能片面地针对技术引进活动进行规制，例如，在拟定技术引进计划书或可行性报告时，应规定同时拟定相应的消化吸收计划书。②技术引进实施环节。在技术引进过程中，应设计配套政策鼓励引进相关技术人才，以帮助完成国内的消化吸收活动。③消化吸收环节。使用贴息或者低息贷款的政策手段对承担重大消化吸收技术任务的企业进行融资支持，立法规定消化吸收投入或消化吸收风险的补贴投入占科技总投入的固定比重下限。④消化吸收后续环节。针对企业消化吸收后生产的产品出现成本高、利润低的情况，可通过计提企业员工福利基金或对相关产品减免税款的手段加以补偿。对于消化吸收成果，要立法保护其知识产权，或设立奖项给予评比和奖励。

第三，以企业为中心制定科技成果转化政策。在创新型经济中，科技成果转

---

① Rodrik D. What is so special about China's exports? [J]. China & World Economy, 2006, 14 (5): 1-19.

化对经济增长具有重要的推动作用,而企业具有敏锐的市场需求嗅觉,是科技与经济的主要结合点,中国应当围绕着企业制定科技成果转化政策,建立以企业为主体的科技成果转化机制。具体来说,中国的科技成果转化政策设计可以从两个方面做出努力:①维护以企业为主体的科技成果转化促进联盟。当前,中国已建立起由科技部牵头的科技成果转化促进联盟,应以此为依托,进一步引导企业树立参与意识、主体意识,主动搭建以企业为中心的科技成果转化平台。②完善以企业为主体的科技成果转化激励机制与服务体系。未来的科技成果转化政策应紧扣企业实际需求,不断完善围绕企业建立的科技成果转化激励机制和服务体系。在企业内部通过科技成果入股、科技成果转化产品的知识产权保护、设立科技成果转化风险基金等手段调动科技成果转化积极性;在企业外部扩大技术市场规模、建立健全技术市场体制、设立信息服务和专家咨询服务中介机构、探索基于互联网的科技成果转化市场渠道等。

二、政策工具

(一) 统筹设计供给导向型政策工具

中国使用供给导向型政策工具普遍多于其他金砖国家,特别是在税收优惠、金融支持、财政支持等传统的供给导向型政策工具的使用上尤为显著。然而,一方面,中国对新型供给导向型政策工具如对中小(微)型企业的技术支持的使用较少;另一方面,中国的供给导向型政策工具针对性不强,较其他金砖国家仍略显粗糙。中国应更多地从微观视角出发,进一步细化供给导向型政策工具的使用对象。

第一,多角度打造针对中小(微)型企业的技术支持工具。中小(微)型企业是最活跃的技术创新群体,具有较强的适应市场与调整能力,可以激活一国未来的技术创新发展。但中小(微)型企业却普遍面临着规模小、资源少、高投入、高风险等许多不利的风险因素(Pissarides, 1999)①。因此,设计一系列扶持中小(微)型企业的技术创新政策已经引起了各国的关注。在未来,为扩

---

① Pissarides F. Is lack of funds the main obstacle to growth? [J]. Journal of Business Venturing, 1999, 14 (5-6): 519-539.

大对中小（微）型企业的技术供给，改善其技术创新相关要素的供给状况，中国技术创新政策设计可以重点关注以下几个方面：①尝试新型支持工具，开发中小（微）企业技术创新供需平衡卡。供需平衡卡可以对中小企业技术创新活动过程中各类生产资料的供给与需求进行动态观测，以便于政策制定部门了解中小企业真正所需。②借鉴发达国家做法，推广使用创新券。创新券可以发挥公共科技投入对中小企业技术创新的带动作用，引导高校、科研院所为中小企业服务，提高政府研发资金的使用效率，增加企业、大学、科研院所的创新收益，成倍放大公共科技投入的效能（OECD，2013）①。首先，政府向企业等研发机构发放创新券；其次，研发机构用创新券向研发人员购买研发服务；最后，研发人员持创新券到政府财政部门兑现。

第二，细化人力资源培养工具的使用。虽然从技术创新政策时间演进比较结果来看，中国较为重视对人才的培养，但对人才培养的鼓励多隐含在综合性技术创新政策当中，缺乏专门针对技术创新教育的政策或法律。根据金砖国家技术创新政策演进比较结果可知，印度在人力资源培养工具的使用方面十分细致，制定了《国家信息与通信教育政策》（2012）等专门的产业教育政策。中国应借鉴印度的经验，颁布专门的技术创新教育政策或法律，为教育机构提供与技术创新相关的基础设施，立法规范技术创新教育管理。与此同时，中国应加强高等院校与技术创新相关企业的合作，利用产学研合作平台加强知识的传播与应用，培养技术创新人才。

（二）合理布局环境导向型政策工具

进一步法制化知识产权保护工具。由发达国家主导的全球知识产权制度虽然增加了发展中国家在技术赶超过程中的难度（Deere，2009；Reichman，2009）②③，但适度的知识产权保护会维护个人、企业的智力成果，调动技术创新

---

① OECD. Innovation Vouchers [EB/OL]. https：//www.innovationpolicyplatform.org/. 2013 – 07 – 20/2015 – 02 – 17.

② Deere C. The Implementation Game. The TRIPS Agreement and the Global Politics of Intellectual Property Reform in Developing Countries [M]. Oxford：Oxford University Press，2009.

③ Reichman J H. Intellectual property in the twenty – first century：Will the developing countries lead or follow？[J]. Houston Law Review，2009（46）：319 – 331.

主体的研发积极性，从而提高国家技术创新能力①②。金砖国家中，南非知识产权保护的政策制定起步较早，1916年就颁布了《专利、设计、商标和著作权法》，至今已建立起以《著作权法》《专利法》《设计法》和《商标法》为主体的较为完善的法律体系。当前南非对知识产权保护的政策设计已十分细致，如为保护由公共出资支持研发的知识产权，颁布了《公共出资支持的研发知识产权保护法案》(2008)等。中国在未来可以借鉴南非的经验，建立并不断完善知识产权保护政策体系，细化知识产权保护对象，加强对技术创新主体智力成果的保护力度，激发创新主体的创新积极性。

(三) 大力推进需求导向型政策工具

经济的快速发展与市场化改革的深入使技术创新的发展动力越来越从"供给"转向"需求"，我国技术创新政策工具使用应从"供给"导向为主逐渐过渡为"需求"导向。作为供给导向型政策工具的重要补充，需求导向型的政策工具已经成为世界各国用以提高技术创新竞争力的主要政策工具（Edquist 等，2012；Vecchiato 和 Roveda，2014）③④。中国当前拥有巨大的市场需求，应从以下两个方面进一步扩大需求导向型政策工具的使用：

第一，深入挖掘政府采购工具。为了应对技术创新国际化带来的竞争挑战，使用政府采购工具保护和鼓励本国产业技术创新发展符合许多国家的利益，在世界范围内得到广泛应用（Jacobs，1998）⑤。未来中国应从两个方面加大政府采购工具的使用：①借鉴俄罗斯做法，深化已有政府采购工具。俄罗斯颁布的一系列政府采购政策中，强调通过该工具的使用调动企业技术创新积极性，重视对技术创新产品与服务的政府采购，如规定中小企业优先进入政府采购市场，并综合知

---

① Coe D, Helpman E, Hoffmaister A. International R&D Spillovers and Institutions [R]. NBER Working Paper, No. 14069, 2008.

② Griffith R, Harrison R, Simpson H. Product Market Reform and Innovationin the EU [R]. CEPR Discussion Paper No. 5849, 2006.

③ Edquist C, Zabala – Iturriagagoitia J M. Public procurement for innovation as mission – oriented innovation policy [J]. Research Policy, 2012, 41 (10): 1757 – 1769.

④ Vecchiato R, Roveda C. Foresight for public procurement and regional innovation policy: The case of Lombardy [J]. Research Policy, 2014, 43 (2): 438 – 450.

⑤ Jacobs D. Innovation Policies within the Framework of Internationalization [J]. Research Policy, 1998, 27 (7): 711 – 724.

识产权、环境保护等法规,逐步引导消费者对技术创新产品和服务的需求。②吸取发达国家的经验,尝试新型政府采购工具。英国于2006年实施的"可持续采购行动"计划中采用了一种新型政策采购方式,即远期约定采购。远期约定采购一方面可以减少政府财政资金风险,将资金更大限度地应用到技术创新领域,另一方面可以减少企业创新风险,一旦该企业提交的创新解决方案被纳入到政府采购名单中,企业就只需要针对解决方案进行研发投资,而无须冒"投资研发却找不到买家"的风险,从而实现国家技术创新与企业创收的"双赢"局面。

第二,主动利用国际合作政策工具。在技术创新国际化的背景下,国与国之间的相关性越来越强,生产过程和外包的模块化改变了各国的技术经济范式(Perez,2002)①。金砖国家技术创新政策演进比较结果显示,俄罗斯在鼓励企业国际合作方面表现突出,其技术创新政策整体上强调"国际领先"和"与国家优先发展领域"相适应,如批准一批具有世界领先水平的科研学校和企业进入国家研究中心来参与国际科技合作。在未来,中国可以借鉴俄罗斯国际合作方面的做法,在吸引外商直接投资以及鼓励国外企业来华设立研发中心时明确重点领域和技术,主动、有选择地开展国际合作。

(四)积极关注技术标准制定工具

前已述及,由于技术标准制定与其他政策变量之间的相关性较低,故在金砖国家技术创新政策三维比较框架中,技术标准制定工具变量未被提取。然而,在"技术专利化—专利标准化—标准垄断化"的全球技术许可战略中,谁掌握了标准的制定权,谁的技术成为主导标准,谁就掌握了市场的主动权(王黎萤和陈劲等,2004)②。新的全球科技革命对发展中国家的技术标准制定提出了战略性要求,包括中国在内的金砖国家对技术标准制定政策工具的使用却普遍较少。未来中国的技术创新政策设计应借鉴欧盟、美国、日本等发达经济体的做法,制定"技术标准战略",有选择地制定一批技术水平高、对国家核心利益影响重大的技术标准;改革标准化工作管理体制,建立以企业为主体、以市场化为原则的技

---

① Perez C. Technological Revolutions and Financial Capital: The Dynamics of Bubbles and Golden Ages [M]. Cheltenham: Edward Elgar, 2002.

② 王黎萤,陈劲,杨幽红. 技术标准战略、知识产权战略与技术创新协同发展关系研究 [J]. 中国软科学,2004(12):24-27.

术标准制定模式，培养技术标准化人才；与知识产权保护形成合力，积极参与国际标准化活动。

（五）灵活运用政策工具组合

技术创新政策工具与政策目标耦合是未来技术创新政策设计的趋势之一。由于在解决创新系统的具体问题过程中，政策工具经常以组合的方式出现，因此技术创新政策工具的设计已经进入了系统化阶段（Smits 和 Kuhlmann，2004）①。也就是说，当人们需要解决某种创新问题时，就需要"一套"政策工具作为合适的解决办法②。因此，未来中国应该尝试针对具体政策目标，开发新的政策工具，组合运用各种政策工具，相应的技术创新政策工具设计应从"单一"向"组合"发展和转变，促进技术创新政策目标的实现。

三、政策执行

（一）加强技术创新政策执行的持续性

研究显示，其他金砖国家技术创新政策颁布机构级别普遍高于中国，且多以法律形式为主。相比之下，中国的技术创新政策出现最多的形式为"办法""意见"和"通知"，这些类型政策占比达到69.1%。良好的政策延续性是保障市场的公平性、稳定性和透明度的先决条件。当前，中国的技术创新政策存在一定程度的朝令夕改现象，这不仅容易造成技术创新资源的浪费，影响技术创新进程，还容易降低国家政策的公信力和权威性。中国应尽可能提高高级别技术创新政策颁布机构的政策占比，制定完备和长久的技术创新政策，保障其延续性。我国技术创新政策执行应实现从"短效"到"长期"的转变。

---

① Smits R, Kuhlmann S. The rise of systemic instruments in innovationpolicy [J]. Int. J. Foresight Innov. Policy, 2004（1）：4-32.

② Borrás S, Edquist C. The choice of innovation policy instruments [J]. Technological Forecasting and Social change. 2013, 80（8）：1513-1522.

（二）保障技术创新政策的执行效力

仔细分析中国技术创新政策的颁布机构发现，存在大量的政策同时由多个部门共同颁布的现象，如《关于支持中小企业技术创新的若干政策》（2007）由国家发展改革委员会、教育部、科技部、财政部、人事部、人民银行、海关总署、国家税务总局、银监会、国家统计局、国家知识产权局、中科院12个部门联合颁布。政出多门，不利于技术创新政策执行效率的提高；技术创新政策颁布机构的冗杂可能会造成管理过程中的权责不明，各机构的管理职能分散。为加强政策执行效力，中国的各政策颁布机构应明确权责分配，有的放矢，避免政策执行过程中的冲突和内耗。

第二节　未来研究展望

企图成功定义一个明确的、完美的政策组合是不切实际的（Flanagan 等，2011）①，因此本文没有探讨如何构建一个新的、较优的政策组合，而是针对已有的金砖国家技术创新政策的布局从空间和时间的角度分别进行了横向和纵向的比较。研究探索性地对金砖国家政策进行了定量分析，并在比较研究的框架中充分考虑了信度与效度问题，但技术创新政策的研究纷繁复杂，任何诠释都可能存在疏漏。本书仅仅是初步的尝试，虽然在政策计量和科学比较上有了一点进展，也只能算是添砖加瓦之用。由于主观方面学识和能力所限，客观方面人力、资金和时间制约，本书仍存在许多缺憾有待今后不断丰富和完善。未来研究方向：

第一，继续搜集和丰富数据库。金砖国家技术创新政策文本没有专门的年鉴可以查找，需要课题组成员采用各种手段自行寻找，所耗费的时间和精力远远超出了课题负责人在立项之初的想象。课题组全体成员前后耗费了一年半的时间，从五国近100个机构的官方网站，搜集了1990~2014年总计683条政策（中国

---

① Flanagan K, Uyarra E, Laranja M. Reconceptualising the "Policy Mix" for innovation [J]. Research Policy, 2011, 40 (5): 702–713.

第七章 中国技术创新政策体系构建建议及未来研究展望

347条、俄罗斯85条、印度95条、巴西83条和南非73条),组建了金砖国家技术创新政策数据库;耗时将近6个月的时间聘请专家、专业学生,利用多种可能的手段来翻译英文、俄文、葡萄牙文的全部政策文本;再根据政策计量的需要,对25个政策变量,针对这683条政策文本逐一进行赋值;而后,由于政策具有时间效力,课题组成员又逐一核对政策的有效时间范围,对调整后的3625条政策进行赋值;最后,项目组聘请国内外多名专家,帮助判断政策赋值的准确性。基于课题研究的经验教训,深感相关数据资料搜集是一个浩大的工程,难以一蹴而就,由此更加凸显已建立数据库的价值。政策的搜集工作无法穷尽,今后将跟踪增加相关政策文本,甚至不断补充其他国家的政策文本,为后续研究做好充分准备。

第二,拓展研究范围。本书是政策计量和政策国际比较的探索性研究:一是由于数据资料所限,尚未达到理想目标;二是由于学术积累和研究资源制约,尚存在诸多问题有待挖掘和研究。通过本研究,项目组认为,未来的研究中应进一步挖掘政策、目标和执行三个维度之间的协调性,这将对科学构建技术创新政策体系大有裨益;部分实证分析成果也可以进一步落地,如某一产业技术创新政策的效率、效果问题,针对某一具体政策的国际比较研究。

第三,追踪背景变化所产生的新影响。研究的结论基于1990~2014年金砖国家技术创新政策的差异。随着时间的推移,金砖国家的政策会发生变化,相关技术创新政策的理论也会纳入新的考虑因素。因此,研究需要考虑这些新因素,在一定程度上调整政策变量,不断检验和修正结论。此外,本书提出的政策建议也需要实践的检验,并进行跟踪研究以不断修正。

参考文献

［1］宾建成，詹花秀．"金砖四国"经济效率比较分析［J］．求索，2010（11）：1-4．

［2］常江．简介南非国家创新体系［J］．全球科技经济瞭望，1999（12）：38-39．

［3］陈劲，王飞绒．创新政策：多国比较和发展框架［M］．杭州：浙江大学出版社，2005．

［4］董娟，陈士俊．中美新科技创新政策比较［J］．科技进步与对策，2009，13（26）：37-41．

［5］范柏乃，段忠贤，江蕾．中国自主创新政策：演进、效应与优化［J］．中国科技论坛，2013（9）：5-12．

［6］樊春良．全球化时代的科技政策［M］．北京：北京理工大学出版社，2005．

［7］封颖，徐峰，许端阳等．新兴经济体中长期科技创新政策研究——以印度为例［J］．中国软科学，2014（9）：182-192．

［8］封颖．巴西鼓足干劲要搞科技创新［N］．光明日报，2014-07-20（6）．

［9］高洁．印度中央政府机构［EB/OL］．http：//www.scopsr.gov.cn/gjdt/201303/t20130308_210058.html，2013-03-08/2015-01-29．

［10］官建成，余进．基于DEA的国家创新能力分析［J］．研究与发展管理，2005，17（3）：8-15．

［11］贺德方．创新型国家评价方法体系构建研究［J］．中国软科学，2014

(6): 117 - 128.

[12] 何菊香. 金砖四国 OFDI 对贸易竞争力优势影响比较分析 [J]. 亚太经济, 2009 (3): 72 - 76.

[13] 黄灿. 欧盟和中国创新政策比较研究 [J]. 科学学研究, 2004, 2 (22): 212 - 217.

[14] 黄锐. 印度信息技术服务和业务流程外包行业将艰难前行 [EB/OL]. http://news.xinhuanet.com/world/2011 - 01/05/c_13677502.htm, 2011 - 01 - 05/2014 - 11 - 19.

[15] 李杨. 金砖国家服务贸易竞争力比较及其合作研究 [J]. 亚太经济, 2012 (2): 75 - 79.

[16] 李永刚. 中国在"金砖国家"中的贸易竞争力对比分析——基于2000~2010年面板数据模型分析 [J]. 人文杂志, 2013 (1): 37 - 45.

[17] 李治国, 周德田, 郭景刚. 中国印度经济效率比较研究 [J]. 经济问题探索, 2013 (6): 112 - 119.

[18] 连燕华. 技术创新政策概论 [J]. 科学管理研究, 1998, 16 (5): 7 - 12.

[19] 林慧岳. 论科技政策的体系结构和决策模式 [J]. 自然辩证法研究, 1999 (10): 24 - 28.

[20] 林跃勤. 金砖四国: 经济转型与持续增长 [J]. 经济学动态, 2010 (10): 127 - 131.

[21] 刘凤朝, 冯婷婷. 国家创新能力形成的系统动力学模型——以发明专利为能力表征要素 [J]. 管理评论, 2011, 23 (5): 30 - 38.

[22] 刘凤朝, 李滨, 孙玉涛. 中、印、巴专利发展与技术领域比较优势分析 [J]. 科学管理研究, 2008, 6 (26): 118 - 121.

[23] 刘凤朝, 孙玉涛. 国家创新能力测度研究述评 [J]. 科学学研究, 2008, 26 (4): 887 - 893.

[24] 刘凤朝, 孙玉涛. 我国科技政策向创新政策演变的过程、趋势与建议——基于我国289项创新政策的实证分析 [J]. 中国软科学, 2007 (5): 34 - 42.

[25] 柳卸林. 21世纪的中国技术创新系统 [M]. 北京: 北京大学出版

社，2000.

[26] 柳卸林，段小华．转型中的俄罗斯国家创新体系[J]．科学学研究，2003，21（3）：325-329.

[27] 柳卸林，何郁冰，胡坤．中外技术转移模式的比较[M]．北京：科学出版社，2012.

[28] 刘云，叶选挺，杨芳娟等．中国国家创新体系国际化政策概念、分类及演进特征[J]．管理世界，2014（12）：62-69，78.

[29] 卢立峰，李兆友．巴西技术创新政策演化及启示[J]．技术与创新管理，2010，31（3）：261-263.

[30] 罗伟．科技政策研究初探[M]．北京：知识产权出版社，2007.

[31] 罗伟，连燕华．技术创新与政府政策[M]．北京：人民出版社，1996.

[32] OECD. OECD中国创新政策研究报告[M]．薛澜，柳卸林译．北京：科学出版社，2011.

[33] 彭纪生，仲为国，孙文祥．政策测量、政策协同演变与经济绩效：基于创新政策的实证研究[J]．管理世界，2008（9）：25-36.

[34] 戚文海．经济转轨国家的国家创新体系评析——以俄罗斯为研究案例[J]．俄罗斯中亚东欧研究，2005（5）：37-45.

[35] 邱举良．透视印度科技研发现状[EB/OL]．http：//news. sciencenet. cn/html/showxwnews1. aspx？id=209420，2008-07-24/2015-01-29.

[36] 曲笑．巴西科技创新体制改革初见成效[J]．世界科技研究与发展，2000（1）：104.

[37] 孙蕊，吴金希．我国战略性新兴产业政策文本量化研究[J]．科学学与科学技术管理，2015，36（2）：3-9.

[38] 谭文华．科技政策与科技管理研究[M]．北京：人民出版社，2011.

[39] 田志康，赵旭杰，童恒庆．中国科技创新能力评价与比较[J]．中国软科学，2008（7）：155-160.

[40] 王春法．技术创新政策：理论基础与工具选择——美国和日本的比较研究[M]．北京：经济科学出版社，1998.

[41] 王黎萤，陈劲，杨幽红．技术标准战略、知识产权战略与技术创新协

同发展关系研究［J］．中国软科学，2004（12）：24-27．

［42］王黎萤，胡黎玮．东亚后发国家创新能力比较及对中国的启示［J］．科技管理研究，2009（7）：73-75．

［43］卫灵，王雯．"金砖四国"中的巴西及中国——巴西双边贸易分析［J］．当代财经，2010（10）：98-102．

［44］魏守华．国家创新能力的影响因素——兼评近期中国创新能力演变的特征［J］．南京大学学报（哲学、人文科学、社会科学），2008，3：30-36．

［45］伍蓓，陈劲，王姗姗．科学、技术、创新政策的涵义界定与比较研究［J］．创新管理，2007（10）：68-74．

［46］夏国藩．技术创新与技术转移［M］．北京：北京航空工业出版社，1993．

［47］谢成锁，安建基．南非国家创新体系建设的新进展［J］．全球科技经济瞭望，2010，25（7）：22-28．

［48］阎莉．日本技术创新政策制定的理论依据及其政策手段选择［J］．日本研究，2000（4）：24-30．

［49］殷之明，马瑞敏．"金砖"四国的科技表现及其启示［J］．科技进步与对策，2011，20（28）：113-116．

［50］张为付．金砖四国的国际直接投资比较研究［J］．国际贸易，2008（10）：51-57．

［51］张占斌．中印两国发展道路的相似性与国家战略选择［J］．国家行政学院学报，2008（4）：56-59．

［52］赵福昌．金砖国家经济发展特点与优势［J］．中国金融，2011（50）：18-20．

［53］赵作权．可持续发展：理性反思与我国的科学政策选择［J］．科技导报，1997（8）：18-20．

［54］中国科学院官方网站．http：//www.cas.cn/zz/．

［55］中华人民共和国科学技术部官方网站．http：//www.most.gov.cn/zzjg/．

［56］中华人民共和国商务部官方网站．http：//www.mofcom.gov.cn/aarticle/i/jyjl/m/201208/20120808265621.html．

[57] 周寄中. "科学—社会"学：人类两大体系的交叉 [M]. 安徽：中国科学技术出版社, 1991.

[58] 周立斌, 宋兆杰. 俄罗斯科学院今昔 [J]. 科技管理研究, 2010 (16): 247-251.

[59] 周运兰, 曾浩. 我国科技进步的产权制度约束与路径选择 [J]. 财经问题研究, 2011 (7): 32-36.

[60] Aghion P, Christopher H, Howitt P, et al. Competition, imitation and growth with step-by-step innovation [J]. Review of Economic Studies, 2001, 68 (3): 467-492.

[61] Amaro S, Duarte P. An integrative model of consumers' intentions to purchase travel online [J]. Tourism Management, 2014 (46): 64-79.

[62] Amsden A, Chu W. Beyond Late Development: Taiwan's Upgrading Policies [M]. Cambridge, MA: MIT Press, 2004.

[63] Andrea F, Tribó J A. Exploring the antecedents of potential absorptive capacity and its impact on innovation performance [J]. The International Journal of Management Science, 2008, 36 (2): 173-187.

[64] Archibugi D, Coco A. A new indicator of technological capabilities for developed and developing countries [J]. World Development, 2004, 32 (4): 629-654.

[65] Arnold E. Evaluating research and innovation policy: A systems world needs systems evaluation [J]. Science and Public Policy, 2004, 13 (1): 3-17.

[66] Aschhoff B, Sofka W. Innovation on demand—Can public procurement drive market success of innovations? [J]. Research Policy, 2009, 38 (8): 1235-1247.

[67] Barbosa N, Faria A P. Innovation across Europe: How important are institutional differences? [J]. Research Policy, 2011, 40 (9): 1157-1169.

[68] Benhabib J, Spiegel M. The role of human capital in economic development: Evidence from aggregate cross-country data [J]. Journal of Monetary Economics, 1994, 34 (2): 143-173.

[69] Biegelbauer P S, Borrás S. Innovation Policies in Europe and the US: The

New Agenda [M]. Great Britain: Ashgate, 2003.

[70] Borrás S, Edquist C. The choice of innovation policy instruments [J]. Technological Forecasting and Social Change, 2013, 8 (80): 1513 - 1522.

[71] Braun E. Promote or regulate: The dilemma of innovation policy [J]. De Gruyter Studies in Organization, 1994: 34 (2): 95.

[72] Callon M, Courtial J P, Crance P, et al. Tools for the evaluation of technological programmes: An account of work done at the centre for the sociology of innovation [J]. Technology Analysis and Strategic Management, 1991a, 3 (1): 3 - 41.

[73] Callon M, Laredo P, Rabeharisoa V. Des instruments pour la gestion et l'évaluation des programmes technologiques: le cas de L'AFME [A]. In: De Bandt, J. (Ed.), L'Évaluation Économique de la Recherche et du Changement Technique [C]. Editions du CNRS, Paris, 1991b.

[74] Carlsson B, Jacobsson S. In search of useful public policies: Key lessons and issues for policy maker [A]. In: Carlsson B, (Ed.), Technological Systems and Industrial Dynamics [C]. Kluwer Academic Publishers, Dordrecht, 1997.

[75] Castellacci F, Natera J M. A new panel dataset for cross - country analyses of national systems and development [J]. Innovation and Development, 2011, 1 (2): 205 - 226.

[76] Castellacci F, Natera J M. The dynamics of national innovation systems: A panel cointegration analysis of the coevolution between innovative capability and absorptive capacity [J]. Research Policy, 2013, 42 (3): 579 - 594.

[77] Chesbrough H. Open Services Innovation: Rethinking Your Business to Grow and Compete in a New Era [M]. San Francisco, CA: Jossey - Bass, 2011.

[78] Chen C J, Huang J W. Strategic human resource practices and innovation performance—the mediating role of knowledge management capacity [J]. Journal of Business Research, 2009, 62 (1): 104 - 114.

[79] Chin G T. The BRICS - led development bank: Purpose and politics beyond the G20 [J]. Global Policy, 2014, 5 (3): 366 - 373.

[80] Choung J Y, Hameed T, Ji L. Catch - up in ICT standards: Policy, implementation and standards - setting in South Korea [J]. Technological forecasting and

social change, 2012, 79 (4): 771-788.

[81] Coe D, Helpman E. International R&D spillovers [J]. European Economic Review, 1995, 39 (5): 859-887.

[82] Coe D, Helpman E, Hoffmaister A. International R&D Spillovers and Institutions [R]. NBER Working Paper, No. 14069, 2008.

[83] Cortina J M. "What is coefficient alpha? An examination of theory and applications" [J]. Journal of Applied Psychology, 1993, 78 (1): 98-104.

[84] Darchen S, Tremblay D G. Policies for creative clusters: A comparison between the video game industries in Melbourne and Montreal [J]. European Planning Studies, 2015, 23 (2): 311-331.

[85] De Almeida E C E, Guimarães G A. Brazil's growing production of scientific articles—How are we doing with review articles and other qualitative indicators? [J]. Scientometrics, 2013, 97 (2): 287-315.

[86] De Bono E. Surrpetition. Creating Value Monopolies. When Everyone Else is Merely Competing [M]. London: Harper Collins, 1993.

[87] Deere C. The Implementation Game. The TRIPS Agreement and the Global Politics of Intellectual Property Reform in Developing Countries [M]. Oxford: Oxford University Press, 2009.

[88] deLeon P, deLeon L. What ever happened to policy implementation? An alternative approach [J]. Journal of Public Administration Research and Theory, 2002, 12 (4): 467-492.

[89] Edquist C, Hommen L, Johnson B, et al. The ISE Policy Statement—The Innovation Policy Implications of the "Innovations Systems and European Integration" [M]. Linköping: Linköping University, 1998.

[90] Edquist C, Hommen L. Systems of innovation: Theory and policy for the demand side [J]. Technology in Society, 1999, 21 (1): 63-79.

[91] Edquist C. The Systems of Innovation Approach and Innovation Policy: An Account of the State of the Art [A]. In: DRUID Conference. Under theme F: National Systems of Innovation, Institutions and Public Policies [C]. Aalborg, 2001.

[92] Edquist C, Zabala-Iturriagagoitia J M. Public procurement for innovation

as mission - oriented innovation policy [J]. Research Policy, 2012, 41 (10): 1757 -1769.

[93] Ergas H. The importance of technology policy [A]. In: Dasgupta P, Stoneman P (Eds.), Economic Policy and Technological Performance [C]. Cambridge: Cambridge University Press, 1987.

[94] Ernst D. A new geography of knowledge in the electronics industry? Asia's role in global innovation networks [J]. Policy Studies, 2009, 54 (4): 1 -65.

[95] Fagerberg J, Srholec M, Knell M. The competitiveness of nations: Why some countries prosper while others fall behind [J]. World Development, 2007, 35 (10): 1595 -1620.

[96] Flanagan K, Uyarra E, Laranja M. Reconceptualising the "Policy Mix" for innovation [J]. Research Policy, 2011, 40 (5): 702 -713.

[97] Finardi U. Scientific collaboration between BRICS countries [J]. Scientometrics, 2015, 102 (2): 1139 -1166.

[98] Freeman C. Technological infrastructure and international competitiveness [J]. Industrial and Corporate Change, 2004, 13 (3): 541 -569.

[99] Freitas B M I, Von Tunzelmann N. Mapping public support for innovation: A comparison of policy alignment in the UK and France [J]. Research Policy, 2008, 37 (9): 1446 -1464.

[100] Furman J L, Porter M E, Stern S. The determinants of national innovative capacity [J]. Research policy, 2002, 31 (6): 899 -933.

[101] Gao S X, Xu K, Yang J. Managerial ties, absorptive capacity and innovation [J]. Asia Pacific Journal of Management, 2008, 25 (3): 395 -412.

[102] Geroski P A. Procurement policy as a tool of industrial policy [J]. International Review of Applied Economics, 1990, 4 (2): 182 -198.

[103] Godinho M, Mendonca M, Pereira S F, et al. Towards a taxonomy of innovation systems [Z]. Mimeo, Universidade Tecnica de Lisboa, 2006.

[104] Goldman M, Ergas H, Ralph E, et al. Technology Institutions and Policies, Their Role in Developing Technological Capability in Industry [R]. World Bank Technical Paper, 1997.

[105] Gong G, Keller W. Convergence and polarization in global income levels: A review of recent results on the role of international technology diffusion [J]. Research Policy, 2003, 32 (6): 1055 – 1079.

[106] Griffith R, Harrison R, Simpson H. Product Market Reform and Innovation in the EU [R]. CEPR Discussion Paper No. 5849, 2006.

[107] Guy K, Nauwelaers C. Benchmarking STI Policies in Europe: In Search of A Good Practice [R]. IPTS Report, 2003.

[108] Hadjimanolis A, Dickson K. Development of national innovation policy in small developing countries: The case of Cyprus [J]. Research Policy, 2001, 30 (5): 805 – 817.

[109] Hair J F, Black W C, Babin H J, Anderson R E. Multivariate Data Analysis (7th ed.) [M]. New Jersey: Prentice Hall, 2010.

[110] Hall, Thad E, O'Toole, et al. Structures for policy implementation: An analysis of national legislation 1965 – 1966 and 1993 – 1994 [J]. Administration and Society, 2000, 31 (6): 667 – 686.

[111] Huang C Y, Shyu J Z, Tzeng G H. Reconfiguring the innovation policy portfolios for Taiwan's SIP mall industry [J]. Technovation, 2007, 7 (12): 744 – 765.

[112] Inglesi – Lotz R, Balcilar M, Gupta R. Causality between research output and economic growth in BRICS [J]. Qual Quant, 2015, 49 (7): 167 – 176.

[113] Jacobs D. Knowledge – intensive innovation. The potential of the cluster approach [J]. IPTS Review, 1997 (16): 22 – 28.

[114] Jacobs D. Innovation Policies within the Framework of Internationalization [J]. Research Policy, 1998, 27 (7): 711 – 724.

[115] Jadhav P. Determinants of foreign direct investment in BRICS economies: Analysis of economic, institutional and political factor [A]. In: Procedia – Social and Behavioral Science [C]. International Conference on Emerging Economies—Prospects and Challenges, 2012, 37: 5 – 14.

[116] Johnson B, Gregersen B. System of innovation and economic integration [J]. Journal of Industry Studies, 1994, 2 (4): 1 – 18.

[117] Kanwar S, Evenson R. Does intellectual property protection spur technological change? [J]. Oxford Economic Papers, 2003, 55 (2): 235-264.

[118] Karo E, Kattel R. Should "open innovation" change innovation policy? Thinking in catching-up economies considerations for policy analyses [J]. Innovation: The European Journal of Social Science Research, 2011, 24 (1-2): 173-198.

[119] Klochikhin E A. Russias innovation policy: Stubborn path-dependencies and new approaches [J]. Research Policy, 2012, 41 (9): 1620-1630.

[120] Kooiman J. Modern Governance, New Government-Society Interactions [M]. Sage, London, 1993.

[121] Krammer S M S. Drivers of national innovation in transition: Evidence from a panel of Eastern European countries [J]. Research Policy, 2009, 38 (5): 845-860.

[122] Kuhlmann S. Future governance of innovation policy in Europe—three scenarios [J]. Research Policy, 2001, 30 (6): 953-976.

[123] Lai H C, Chang S C, Shyu J Z. The innovation policy priorities in industry evolution: The case of Taiwan's semiconductor industry [J]. International Journal of Foresight and Innovation Policy, 2004, 1 (1/2): 106-125.

[124] Lepori B, Van Den Besselaar P, Dings M, et al. Indicators for comparative analysis of public project funding: Concepts, implementation and evaluation [J]. Research evaluation, 2007, 16 (4): 243-255.

[125] Lewin A Y, Massini S, Peeters C. Microfoundations of internal and external absorptive capacity routines [J]. Organization Science, 2011, 22 (1): 81-89.

[126] Lin C C, Yang C H, Shyua Z J. A comparison of innovation policy in the smart gird industry across the pacific: China and the USA [J]. Energy Policy, 2013, 57 (6): 119-132.

[127] Lin, Grace T R, Yung-Chi Shen, et al. National innovation policy and performance: Comparing the small island countries of Taiwan and Ireland [J]. Technology in Society, 2010, 32 (2): 161-172.

[128] Liu C, Jayakar K. The evolution of telecommunications policy-making: Comparative analysis of China and India [J]. Telecommunications Policy, 2012, 36

(1): 13 -28.

[129] Loiter J M, Norberg - Bohm V. Technology policy and renewable energy: Public roles in the development of new energy technologies [J]. Energy Policy, 1999, 27 (2): 85 -97.

[130] Lundvall B A, Borrás S. Science technology and innovation policy [A]. In: Fagerberg J, et al. (Eds.), The Oxford Handbook of Innovation [C]. New York: Oxford University Press, 2005.

[131] Malerba F. Innovation and the dynamics and evolution of industries: Progress and challenges [J]. International Journal of Industrial Organization, 2007, 25 (4): 675 -699.

[132] Mallick S K, Sousa R M. Commodity prices, inflationary pressures, and monetary policy: Evidence from BRICS economies [J]. Open Economics Review, 2013, 24 (4): 677 -694.

[133] Mathews J A, Hu M C. National innovative capacity in East Asia [J]. Research Policy, 2005, 34 (9): 1322 -1349.

[134] Matland E R. Synthesizing the implementation literature: The ambiguity - conflict model of policy implementation [J]. Journal of Public Administration Research and Theory, 1995, 5 (2): 145 -174.

[135] McGowan F, Radosevic S, Von Tunzelman N. The Emerging Industrial Structure of the Wider Europe [M]. Routledge, 2004.

[136] Meyer - stamer J. New patterns of governance for industrial change: Perspectives for Brazil [J]. The Journal of Development Studies, 1997, 33 (3): 364 -391.

[137] Mowery D C, Oxley J E. Inward technology transfer and competitiveness: The role of national innovation systems [J]. Cambridge Journal of Economics, 1995, 19 (1): 67 -93.

[138] Mytelka L K, Smith K. Policy learning and innovation theory: An interactive and co - evolving process [J]. Research Policy, 2002, 31 (8 -9): 1467 -1479.

[139] Najmabadi F, Lall S. Developing Industrial Technology, Lessons for Policy

and Practice [R]. A World Bank Operations Evaluation Study, 1995.

[140] Nauwelaers C, Morgan K. The new wave of innovation oriented regional policies: Retrospect and prospects [A]. In: Morgan K, Nauwelaers C. (Eds.), Regional Innovation Strategies: The Challenge for Less – Favored Regions [C]. London: The Stationery Office and Regional Studies Association, 1999.

[141] Nill J, Kemp R. Evolutionary approaches for sustainable innovation policies: From niche to paradigm? [J]. Research Policy, 2009, 38 (4): 668 – 680.

[142] Norberg – Bohm V. Stimulating "green" technological innovation: An analysis of alternative policy mechanisms [J]. Policy Sciences, 1999, 32 (1): 13 – 38.

[143] North D C. Institutions, Institutional Change and Economic Performance [M]. Cambridge: Cambridge University Press, 1991.

[144] OECD. Innovation Vouchers [EB/OL]. https://www.innovationpolicyplatform.org/. 2013 – 07 – 20/2015 – 02 – 17.

[145] OECD. OECD Reviews of Innovation Policy China [M]. France: OECD Publishing, 2008.

[146] OECD. Science, Technology and Innovation Policies, Federation of Russia [R]. Paris, 1994.

[147] Ohmae K. The End of the Nation State: The Rise of Regional Economics [M]. New York: Free Press, 1995.

[148] Ostry S, Nelson R. Techno – nationalism and Techno – globalism: Conflict and cooperation [M]. WA: Brookings Institution, 1995.

[149] Padilla – Pérez R, Gaudin Y. Science, technology and innovation policies in small and developing economies: The case of Central America [J]. Research Policy, 2014, 43 (4): 749 – 759.

[150] Perez C. Technological Revolutions and Financial Capital: The Dynamics of Bubbles and Golden Ages [M]. Cheltenham: Edward Elgar, 2002.

[151] Peters B G. Policy instruments and public management: Bridging the gaps [J]. Journal of Public Administration Research and Theory, 2000, 10 (1): 35 – 47.

[152] Pissarides F. Is lack of funds the main obstacle to growth? [J]. Journal

of Business Venturing, 1999, 14 (5-6): 519-539.

[153] Porter M. The Competitive Advantage of Nations [M]. New York: Free Press, 1990.

[154] Quitzow R. Assessing policy strategies for the promotion of environmental technologies: A review of India's national solar mission [J]. Research Policy, 2015, 44 (1): 233-243.

[155] Radulescu I G, Panait M, Voica C. BRICS countries challenge to the world economy new trends [A]. In: Luminita C, et al. (Eds.), Procedia Economics and Finance [C]. 1st International Conference "Economic Scientific Research – Theoretical, Empirical and Practical Approaches", 2014 (8): 605-613.

[156] Ratanawaraha A. Late standardization and technological catch-up [D]. USA: MIT, 2006.

[157] Reichman J H. Intellectual property in the twenty-first century: Will the developing countries lead or follow? [J]. Houston Law Review, 2009, (46): 319-331.

[158] Rodrik D. What is so special about China's exports? [J]. China & World Economy, 2006, 14 (5): 1-19.

[159] Rothwell R. Public innovation policy: To have or to have not? [J]. R&D Management, 1986, 16 (1): 25-36.

[160] Rothwell R, Zegveld W. Industrial Innovation and Public Policy: Preparing for the 1980s and the 1990s [M]. London: Frances Printer, 1981.

[161] Saggi K. Trade, foreign direct investment and international technology transfer: A survey [J]. World Bank Research Observer, 2002, 17 (2): 191-235.

[162] Samira G, Shyama V R. Explaining divergence in catching-up in pharma between India and Brazil using the NSI framework [J]. Research Policy, 2012, 41 (2): 430-441.

[163] Schneider A, Ingram H. Systematically pinching ideas: A comparative approach to policy design [J]. Journal of Public Policy, 1988, 8 (12): 61-80.

[164] Shyu J Z, Chiu Y, You C. A cross-national comparative analysis of innovation policy in the integrated circuit industry [J]. Technology in Society, 2001, 23

(2): 227-240.

[165] Smarzynska B K. The composition of foreign direct investment and protection of intellectual property rights: Evidence from transition economies [J]. European Economic Review, 2002, 48 (1): 39-62.

[166] Smith K. Innovation as a systemic phenomenon: Rethinking the role of policy [A]. In: Bryant K, Wells A. (Eds.), A New Economic Paradigm? Innovation - Based Evolutionary Systems, Commonwealth of Australia [C]. Department of Industry, Science and Resources, Science and Technology Policy Branch, Canberra, 1999.

[167] Smits R, Kuhlmann S. The rise of systemic instruments in innovation policy [J]. Int. J. Foresight Innov. Policy, 2004 (1): 4-32.

[168] Stiglitz J. The Price of Inequality: How Today's Divided Society Endangers Our Future [M]. New York: W. W. Norton & Company, 2012.

[169] Stokke H. Productivity growth and organizational learning [J]. Review of Development Economics, 2008, 12 (4): 764-778.

[170] Swann G M P. An Economic Rationale for National Design Policy [M]. Innovative Economics Limited, London, 2010.

[171] Tassey G. Standardization in technology - based markets [J]. Res Policy, 2000, 29 (4-5): 587-602.

[172] Tether B. The role of design in business performance [A]. In: ESRC Center for Research on Innovation and Competition (CRIC) [D]. University of Manchester, 2005.

[173] Tinbergen J. On the Theory of Economic Policy [M]. Amsterdam: N. V. Noord - Hollandsche Uitgevers Maatschappij, 1952.

[174] Toivanen O, Stoneman P, Diederen P. Uncertainty, macro economic volatility and investment in new technology [J]. Investment, Growth and Employment: Perspectives for Policy, 1999, 5 (1): 136-160.

[175] Tuan C, Ng L. Evolution of Hong Kong's electronics industry under a passive industrial policy [J]. Managerial and Decision Economics, 2007, 16 (5): 509-523.

[176] Varsakelis N. Education, political institutions and innovative activity: A

crosscountry empirical investigation [J]. Research Policy, 2006, 35 (7): 1083 – 1090.

[177] Vecchiato R, Roveda C. Foresight for public procurement and regional innovation policy: The case of Lombardy [J]. Research Policy, 2014, 43 (2): 438 – 450.

[178] Villa L S. Invention, inventive learning, and innovative capacity [J]. Behavioral Science, 1990, 35 (4): 290 – 310.

[179] Woodham J M. Formulating national design policies in the United States: Recycling the Emperor's New Clothes [J]. Design Issues, 2010, 26 (2): 2, 7 – 46.

[180] Woolthuis R K, Lankhuizen M, Gilsing V. A system failure framework for innovation policy design [J]. Technovation, 2005, 25 (6): 609 – 619.

[181] Yu Y N. Trade remedies: China in the BRICS [J]. Journal of World Trade, 2014, 48 (6): 1247 – 1277.

[182] Zhu C. Organizational culture and technology – enhanced innovation in higher education [J]. Technology Pedagogy and Education, 2015, 24 (1): 65 – 79.